你是在做牛做马，还是做主管

[日]山本真司 著
龚婉如 译

海峡出版发行集团
THE STRAITS PUBLISHING & DISTRIBUTING GROUP
福建人民出版社
FUJIAN PEOPLE'S PUBLISHING HOUSE

图书在版编目（CIP）数据

你是在做牛做马，还是做主管 /（日）山本真司著；龚婉如译.
—福州：福建人民出版社，2015.2
ISBN 978-7-211-07112-8
Ⅰ.①你… Ⅱ.①山… ②龚… Ⅲ.①企业管理—组织管理学
Ⅳ.①F272.9
中国版本图书馆CIP数据核字（2015）第030290号

著作权合同登记号：图字 13-2015-008

你是在做牛做马，还是做主管

作　　者：[日]山本真司
译　　者：龚婉如
责任编辑：林　顶
出版发行：海峡出版发行集团|福建人民出版社
电　　话：0591-87533169（发行部）
网　　址：http://www.fjpph.com
电子邮箱：fjpph7211@126.com　微　博:http://weibo.com/fjpph
地　　址：福州市东水路76号　　邮政编码：350001
经　　销：福建新华发行（集团）有限责任公司
印　　刷：北京嘉业印刷厂
开　　本：880毫米×1230毫米　1/32
印　　张：6.25
字　　数：120千字
版　　次：2015年3月第1版
印　　次：2015年3月第1次印刷
书　　号：ISBN 978-7-211-07112-8
定　　价：35.00元

目录

CONTENTS

目录

CONTENTS

目录

[前　言]

三十五岁前一定要学会的巧劲工作术

写给不安的中层

当今的中层正身处危机之中，三十岁到四十五岁之间的社会中坚分子，被人数众多的高年龄层压得喘不过气来，却又无法完全依靠年轻人。

从日本企业职工的年龄结构来看，目前三十五岁以下的上班族人数约占总数的30％。更早之前，上班族到了三十五岁已经拥有不少下属，在公司里被赋予重任，是公司最活跃的主要族群。即使是现在，一般公司对这个年龄层创造利润的能力仍然抱着很大期望。

但是，现在的中层必须在下属变少的情况下做完所有工作。这些部下工作时面无表情，就像戴着面具一般，没有丝毫热情。同时，还得接受上司接踵而来的命令和建议。船长很多，却没有人划船，只好自己跳下来做。如果无法让下属的能力发挥到120％，就无法跨过这个难关。

还有越来越多的中层甚至没有下属，但是公司内部与其他部门之间的协调，以及与顾客的联系、协调等工作越来越重要，于是管理能力就变成必要技能，也显得非常重要。

再加上近年来每个人随时都有可能出国工作。如果一直待在国内，只要自己肯努力，总会有办法。但若被派出国，就没法这么顺利了，许多对于管理没有信心的中层因此越来越不安。

此外，如果不学会一些在公司以外的地方也吃得开的管理技能，自己的未来就一点希望也没有，同时也开始害怕，动不动就把“我们公司”挂在嘴边的做事方式，会不会从此不再管用。

而在个人生活领域方面，中层肩负着子女教养及房贷等压力，还必须面对成长停滞、通货紧缩的社会。身处看不见明天的无望感中，任何人都会感到沉重不已。

三十五岁左右的人都经历过就业冰河期，一直以来对生活很不安，在公司内的竞争中吃了不少苦头。

因为接触过许多不安的身居企业中层的上班族，所以我下了撰写这本书的决心。

我当中层时的危机

若不是因为某种决心，我可能就不会写这本书了。

我的转折点是三十岁那年跳槽到外资管理顾问公司，当时外资管理顾问仍很罕见。投身完全陌生的世界，历经辛苦的奋斗之后，最大的危机出现在三十五岁左右，在我开始必须以现场主管的身份带领下属时。

当时，我升迁的速度比同期的同事慢很多，我开始怀疑自己能否在业界生存下去，每天都为此感到恐惧。

后来总算是撑过来了，在迈入四十岁之前，解决了这个三十五岁后产生的中年危机。

老实说，我很不想把这段时间的事情写出来，光是回想这些事，我就觉得快要喘不过气来了。这个危机为我带来了人生中最大的心理创伤，一直深埋在我的心里。

但是，当听闻了目前的上班族有这么严重的烦恼之后，我决定把想说的事写出来。

魔鬼主管也能改头换面

以前，我很不懂得如何与人共事，完全不会运用部下的才华、经验和修炼，只知道躲在自己的壳里埋头苦干，就这样到了三十五岁。相较之下，很多同事都知道如何让组织运作起来，也能轻易掌握下属的心、客户的心，而创下绝佳的业绩。

虽然我做事时比这些同事更拼命，却不懂得如何与人共事，因此获得了“史上最凶主管”的恶名。

因为知道这样下去是不行的，我花了很多心力，为了找到一套让下属动起来的方法，几年来不曾放弃。我有着坚定的意志，必须解决这个难题，否则我的人生就有没希望了。

我没有什么过人的才华，只是靠着“这么做的话，极有可能达到这样的结果”这样的想法，也总算是逐渐掌握了团队工作的方法。有趣的是，从此之后与他人共事就再也不觉得痛苦了。

让工作自动运转的“山本系统工作术”

这本书相当于我的迷你自传，也就是“告白”，希望借此为大家带来能摆脱困境的信心。我将在书中一五一十地让读者知道，一无所长的我如何在竞争激烈的职场中胜出，以及直到三十五岁一路碰壁的过程。

我之前的书都是为年轻人而写，虽然不会在书中美化自己或说谎，但一直避免细谈这段时间发生的事。这次提笔之后才发现，我会不断回想起当时的痛苦，好几次甚至写不下去，只好暂时停笔。

正因为这样痛苦，才要完成这本非常实用的书。我想让大家知道，不管是什么样的困境，只有靠自己的努力和用心才可以克服。如果能达到这样的结果，那么我个人的尊严和过去的创伤也就不算什么了。

另外想让读者知道的，是当初拯救了我的“山本系统工作术”的内容。这套对于与人共事非常有帮助的系统，共有四十个项目。这套方法来自前辈、阅读和我自己的构思，每一项都经过我亲身试验、修正、总结，并系统化而成。

一旦完成这套系统，只要运用这些元素，团队的工作就会自动运转，而这就是本书所要告诉你的。

你可以创造截然不同的未来

最后，我想告诉每一位阅读这本书的读者，未来是可以创造的。

以前，我吃了很多苦，总是身处苦战与苦闷中。即使是这么不得要领的我，也克服了自己的问题。而一旦解决了问题，就会看到不同于以往的世界。

原本因不知道如何管理下属而迟迟无法得到升迁的我，之后甚至多次负责管理顾问公司的经营。自从开始运用系统工作术，我便爱上了管理的工作。

自尊心超强的我，以前完全不在乎客户和下属，心里只想着如何利用他们以得到好处。

但是在完成这套系统工作术之后，我就变了，变得很喜欢客户和下属，把他们当作伙伴。这真是出乎当初所料，原来，截然不同的未来是可以创造的。所有的辛苦、苦战、苦闷，都是为了让我们打造截然不同的未来而产生的课题。

除了正为中年危机所苦的读者之外，我还要把这本书送给对管理有兴趣的年轻读者和支配中年人的高年龄层读者。衷心希望大家都能聆听我的真实心声。

[第一章]

到了三十五岁，只靠蛮力工作是不会顺利的

三十岁才第一次转换跑道

先做个简单的自我介绍。我的职业是管理顾问，二十年来任职于外资顾问业界，曾担任公司的东亚及日本代表，离职后成立了自己的公司。

这样的资历乍看起来很辉煌，其实我并不是所谓的精英分子出身。

我曾就读于横滨的公立小学、国中、高中，重考一年后终于考上私立大学。毕业后，于 20 世纪 80 年代前期进入一家大型银行。在那个年代里，人人都可以找到好工作，即使我读大学时并不是非常努力，还是如愿找到了理想的工作。一直到这个阶段，我都过着和普通人一样的生活。

出国留学是我人生中最大的转机。大学时我就很向往留学生活，但出身于小康家庭的我，父亲只是一般上班族，想出国的话，只有将希望寄托在公司外派进修上。

于是我把目标放在进公司两三年后的内部甄选，每天都带着《日经新闻》上班，第二年还自掏腰包到补习班参加托福课程。

当时，我的考核成绩似乎还不到合格标准，不过，努力总算没有白费，后来还是通过了甄选。

于是我终于如愿以偿，赴美两年，进入企管研究所留学。但是去了美国才发现，一切并不如我所想的那么美好。和我同届的日本同学都太优秀了，每个人从初中、高中、大学，一直到就业，都是精英中的精英，那是我未曾接触过的世界。

不知道是天生头脑不好，还是不得要领，我总觉得不管怎么努力都跟不上其他同学。美国同学也都比我优秀，再怎么说，他们的英文都比我强。

考前的临时抱佛脚让我总算是通过了托福考试，但最基本的英文却一句也不会说，所以常常因为被英文流利的日本留学生耍得团团转而感到沮丧不已。

我心想，再这样下去怎么得了？决心立下远大的目标。为了彻底摆脱在日本同学和美国人面前的自卑感，我要努力挤进整个年级六七百名学生中只有前五十名才进得去的美国商学院荣誉学会。

我不是一流的精英分子，英文很烂，身体也很差（之后的章节会再提到），在这样的多重障碍中，我开始了这项挑战。

磨炼自我能力的留学时期

接下来那段时间简直和地狱没什么两样，我把睡觉以外的时间都拿来读书，甚至咒骂过自己的目标："为什么到了这把年纪还要读这么多书？"我不断地这样问自己。

专注力可以把不可能变成可能，只要心无旁骛，所有的时间都花在读书上，自然可以走出一条路。就这样，我拿了好多个 A。

我将这种极端的专注力称为"极端力"，这是我在二十多岁的留学生涯中学到的第一种能力。

这种囫囵吞枣的背诵方法让我在一开始拿到了 A，但是因为没有理解，考完试就忘光了。而随着选修的科目越来越难，这样的现象越来越明显，如果不改变学习方式的话，再怎么认真读书也无法进步，这一点让我不知如何是好。但是在某一天，我突然有了改变学习方式的灵感，仿佛得到神明的指点一般。

"不要只想着背起来，要充分理解。"这句话看似理所当然，但之前的我根本没有多余的力气想这些，只想靠着体力和长时间念书勉强拿到好成绩。

只有表面的理解是不够的，必须彻底理解。所以上课时我脑袋里不停想着："如果只能用一句话表达，教授今天上课想传达的是什么？""这一整堂课到底想说什么？"

因此我开始注意教授的表情和遣词用字，甚至想象他的私人领域，例如，他做研究时把谁当作假想敌？想要挑战哪一个学说？会在什么地方发表新理论？凡事都以“用一句话表达”来进行深度理解。

有趣的是，当我掌握了那句话之后，发现上课的所有内容都是为了引导出那句话，如此一来，就能以联想进行记忆。于是我终于脱离了囫囵吞枣的硬背模式，轻而易举地记住了所有内容。

就这样，我学会了“极端力”以外的第二种能力，那就是全新的“学习力”。

原因不明的怪病教会我的事

不久，我又遇到了一个大瓶颈。

出国留学不久，我的身体就变差了。现在回想起来，应该是轻度的神经失调吧。毫无预警的心悸、起身时头晕、喘不过气来……这些症状不断困扰着我。读书的压力、有生以来第一次在国外生活，种种巨大的压力不断累积，我心想，只要毕业回日本后就会好起来了吧。

在这样的努力下，我终于实现梦想，在毕业时成为美国商学院荣誉学会的会员，甚至拿到了难度更高的杰出企业管理硕士学位。当年同时拿到这两项的只有两三个人而已。虽然英文还是很烂，但我开始对自己产生信心，觉得“就算是头脑不怎么好的我也做到了！”，因而开心不已。

没想到，毕业后回国，进入新的职场工作后，全身倦怠和神经失调的老毛病并没有得到改善，于是我开始急了，非常痛苦。

然而就在毕业一年后，不知为什么病突然好了。在那之前，我被这个毛病烦到麻痹了，都有了“算了，就这样放弃”的念头，想不到就在这一瞬间，症状都消失了。后来，我也把这个经验运用在消除压力上。

“状况不好也是没办法的事，放弃吧，接受它吧。”在我有了这个想法的瞬间，一切病症就痊愈了。这个经验带给我另一种全新的能力，也就是接受的能力——“包容力”。

之后只要我感觉“压力好大，事情都不如预期般顺利，好痛苦”的时候，我就放弃，并学会告诉自己：“算了，总会有办法的。”

这三种能力“极端力”“学习力”“包容力”，在二十多岁到四十多岁的这些年，对我的帮助非常大。

二十七岁归国，二十九岁突然决定转换跑道

我是在二十五岁到二十七岁时出国留学的，1978 年回到日本，当时正值泡沫经济最盛时期，我如愿回到期望

的部门，照理说应该重新开始一帆风顺的人生。大家都说“全世界最强的企业就是日本的企业”，当时正是日本最辉煌的时代。

这样的时代里也是有人换工作的，但毕竟是少数，而我就在 1989 年泡沫经济的最高峰时突然想换工作。

我一回国就担任银行里当红的衍生金融产品和基金经理，对这一切并没有不满。

但是，我无法忘记留学时的痛苦和不断跌倒再爬起来的日子，我是顺应潮流，继续往前走，还是让自己接受更严苛的挑战？年近三十的我，每天都过得非常焦躁而烦恼。

于是我决定换工作。要换工作的话，一定要换一个可以学习、最“无法”活用过去经验的公司。由于我是金融机构外派出国留学的，所学的就只有金融业会用到的投资理论、衍生金融产品理论，对于经营策略、营销、组织理论等被称为企业管理王道的领域完全没有涉猎。

我决定进入完全不同的行业，学习更多的东西，拜访了几家外资管理顾问公司后，进入其中一家。换工作时正好是二十九岁到三十岁之间。

当时还是股票市场的最高峰，我已经二十九岁了，才第一次换工作，而且还是因为想学习全新的事物才换工作。就这样，我有了“三十岁才第一次转换跑道”的经验。

转换跑道后，每天都后悔不已

这真是迟来的三十岁。换工作后不久，我就尝到了苦头，身旁的上司、同事、后辈都是顶尖的精英分子，每个人都太优秀了。而我虽然因为在商学院的成绩很好而被公司录用，但不管是头脑还是在商场上的实力，似乎都无法和大家相比。

我一直相信，只要凭借二十多岁时磨炼的“极端力”“学习力”“包容力”，就一定可以成功。但是挡在我面前的那堵墙实在太高了，换工作半年后，我就后悔当初为什么要转换跑道。

我重新体会到自己的能力和专业技能实在太差，甚至好几次被后辈说“山本先生，你真的是 MBA 毕业的吗？我看你连营销的‘销’都不会写吧”。

虽然常常听到大家提起迈克尔·波特，但是我只听过名字，从来没有读过或学过他的理论，完全不了解他。我既没做过逻辑思考，也没准备过提案资料，每件事都是第一次。就算有人叫我拟订假说，我也根本不知道那是什么。

人际关系也是一样，曾经有人这样说过我：“山本虽然是上班族，但是对公司的事一点都不了解，因为他以前是搞金融的。”

他们说的并不是公司的组织架构这类复杂的事情，而是工作中的团队精神、指派下属或后辈、观察顾客的感受后采取行动……我完全没接受过这些训练。我也因此才知道自己完全不具备分析的技术、企业管理的知识、待人处世的方法。因为我认为三十岁可能是最后一次努力学习的机会，所以才选择了完全合乎这项需求的行业，实际上因为实力的差距太大，我感到心力交瘁。

调整心态，再次拼命努力

这时候“包容力”的想法给了我很大帮助，除了改变心态之外，别无他法。我终于承认自己完全不具备管理顾问的专业技能，或许唯一称得上擅长的，只有因曾投身于金融市场而非常熟悉数字这一点。我只有这项专长而已——承认并接受了这个事实后，接下来就只有努力学习了。我只能运用留学时学会的“极端力”和“学习力”来弥补不足的部分，于是再度展开了严苛的特训生活。

每个星期六我会拨出时间，针对这一周认识的新词汇、新概念，进行搜寻、深度理解，并以自己的方法整理成册；也会利用这个时间阅读同事推荐的文献，同样进行深度分析并整理成册。

特训很快有了成果，进公司的第一年起，我在公司得到的评价就很好。事实上我真的很努力，如果星期一要开会，星期五晚上我就会自掏腰包住在公司附近的商务旅社，从星期五到星期一，连住四天三夜，换上浴袍，每天熬夜工作，一步也不踏出旅社。

当时，我只能拼命地工作，鞭策自己不断努力，不管是分析、假说、经营理论、分析工具、架构思考、逻辑思考，还是制作提案数据、提案，为了达到独立工作的目标，我做了好多功课。虽然动不动就遭受挫折，也常因为太痛苦而身心俱疲，但仍然鞭策自己不断向前，努力打造一个“努力的自己”。身边的朋友纷纷告诫我这样会喘不过气来的，事实上是不会喘不过气的。

幸好我对“极端力”“学习力”“包容力”是很有自信的，即使得不到预期的结果，中途遇到挫折，我也能以平常心看待，告诉自己“是我还不够努力”，引导自己正面思考。

史上最强的士兵，却是史上最差的指挥官

进公司一年后，大家对我的评价都很好。大多数人对我的评价是：“虽然行事作风有点不一样，头脑可能也不太好，不过他很努力，成果也不错。”当时我心想：“继续这样下去就没问题了！”

进公司一年后，我刚好负责一个很适合我的案子，取得了有史以来最棒的成果。这时还听到公司要提前让我接受主

管训练的传言，我开心得简直要飞上天了。

虽然最后没能提前升迁，但是“以最快速升迁”的可能让我对自己信心大增，同时也开始有了一点傲气。

慢慢地，公司开始指派大型的案子给我，也分派了几个分析师下属。案子的规模越大，越需要妥善运用下属的能力，以团队工作的形式来进行。

但我不太懂得怎么用人，这也是噩梦的开始。

后来就在执行一件大规模且难度较高的案子时跌了一大跤，虽然最后的结果是好的，但在完成之前，每天都像身处地狱一般，我自己累，下属也累，连我的上司也很累。抵达终点时，我们每个人都伤痕累累。

一位从我进公司以来就很了解我的上司说：“只有一个人做事的时候，山本称得上是史上最强的士兵，但若和其他人共事，就是史上最差的指挥官。”事实上，他说的一点都没错。

结果迟迟无法升迁

事后回想，发现以前拼命地努力，其实眼中只看得见自己。只思考自己一个人该如何成长，完全沉浸于以自我为中心的小世界，脑子里只有自己。

现在回想起来，觉得很对不起当时的下属，但那时候我在潜意识里只想着：“下属就是下属，他们只要靠自己的力量站起来就好了。”完全没有培育下属或和下属一起成长的心思。

当时我对待下属的方法，简直只把他们当成人肉计算机般使用，只顾着磨炼自己的能力，心里只想着：“我要比大家早一步走在前面。”而当时督促着我前进的，是面对优秀的上司、同事、下属所产生的强烈自卑感。所以我压根儿没想过要帮助别人，说得极端一点，就是一种“只要自己赢了就好”的心理。

所以我指挥下属的时候完全以自我为中心又为所欲为，曾经有下属对我说：“请不要想到什么就吩咐什么，拜托你想清楚一点。”但当时的我就是一个“以自我为中心，想到什么就吩咐什么”的主管。

结果我比同时期进公司的同事晚了一年才晋升主管。当年以最快的速度获得晋升的梦想就这样破灭了，还落得最晚晋升的结果，真是苦不堪言。

这时，我还是一点都不懂得反省。

在这个时期，我提升了单打独斗以获得成果的能力，也就是身为士兵的能力，但是，“以自我为中心，想到什么就吩咐什么”的主管本质一点都没有改变。再加上自己在这样的状态下还是当上了主管，便完全照自己的意思指挥整个部门，结果把团队管理得乱七八糟，糟到很想回头向当时的下属道歉。

“当主管真是轻松的工作”，真的是这样吗？

当时我实在太自我了，甚至有段时间还以为“大家都和我一样”，不，应该说是“大家必须和我一样”更贴切。“大家都和我一样”的意思是，我以为每个下属也都是以自我为中心，最爱自己，每个人都会为了自我成长不惜付出一切努力。

我这样一个基本上只靠自己的能力来取得进步的超级自我中心主义者，甚至不把上司放在眼里。我极度厌恶上司干涉我的工作，因为对我来说，上司干涉就表示我输了。

当时，我就像“只靠一把刀，孤独行走江湖”，彻底地埋头于工作，完全不顾其他人，一点都不觉得接受他人的帮助或帮助他人是一件好事，当时我真的认为那么做会丢了我作为专业人士的面子。

升为主管之前，为了达到晋升这个目的，我不择手段努力打造出“好主管”的形象。最后努力有了结果，尽管晚了一些，但我总算升上主管，那一瞬间，我就露出了本性。

在我第一次成为名副其实的主管后，我的第一个念头是：“当主管真是轻松的工作。”因为当时我自认是超级自我的孤傲专业人士，所以一直相信下属也应该都是孤傲的专业人士，会自己想办法努力，以为我只要放任不管，下属就会自己动起来。

如果每个下属都像我一样会自己发动引擎，如果大家都愿意加足马力，我只要负责分配工作，下属就会自己把事情做好了……这么一来，身为主管的我就没有什么需要负责的了。只要把每个下属负责的工作成果汇总一下，用订书机订起来就万事大吉，当时我真是这样以为的。

“放牛吃草”的管理风格

这时，我的管理风格就是“超级放牛吃草”。

我心想，只要计划好工作期限、过程中的对内和对外会议和提案的时间，把工作分配给下属处理，之后召开内部会议检查下属的成果，并加以评论即可。

遇到还没办法独立工作的新人，我还是会指导他们。不过虽说是指导，我也只是假装给他们一些提示，或为了满足自己的好奇心而吩咐下属去做一些事情，或什么也没想，就要求他们先进行调查，下很多模糊不清的指示。

我对下属的行为都建立在一个前提下——“每个人都超级自我，考虑别人的想法只是浪费时间罢了。下属应该都很爱自己，所以会自己努力站起来”。所以这种“超级放牛吃草”的管理方式，在我心中是具有整合性的。

在这种状态下担任主管，刚开始真的很轻松。我手中握有考核下属的绝对权力，对于超级自我中心主义的我来说，没有什么比这件事更令人开心了。我一切以自己的时间为优先，完全不顾下属的日程表挤不挤得进去，任性地为所欲为，所以轻松得很。

再这样下去，身体就要撑不住了

但这种轻松愉快的气氛只维持了很短暂的时间，工作状况就糟到不行了。这样的结果也是理所当然的。但是身为专业人士，我绝对要保住工作质量，这一点绝不退让。

这个时候，一件很棘手的工作突然和我扯上了关系，原本我以为担任主管很轻松愉快，却一夕翻盘，让我每天仿佛身处地狱之中。

下属中开始出现杂音，我却认为那是下属为了逃避失败的责任，才都推给主管。所以我塞住自己的耳朵，一心只想着如何集中精神，把工作做好。这时，我的上司应该也开始慌了，动不动就找我的麻烦。现在我完全能够理解他的心情，但是当时我只觉得上司很烦人，甚至假装听从他的建议，回过头还是照自己的方法去做。现在回想起来，我真诚地想向当时的上司和下属道歉。

这个案子后来因为硬拼到最后，最终还是获得了客户的赞许。结果，我就把应该反省的事忘得一干二净，反而又再次觉得“超级放牛吃草”的无为而治的管理方式没有问题。

这样的方式大概维持了两年，直到我即将迈入三十五岁时。或许每个人的状况不太一样，但我在这个时候开始感觉自己的身体快要撑不住了，只是凭着一股绝不能牺牲工作质量的好胜心和气力继续努力着。

史上最凶的主管，过着地狱般的生活

除了身体状况变差，我也开始感觉到周遭对我的不友善。公司里传言不断，大家都知道我的管理方式就是“最差劲的放牛吃草”。而且大家早就知道，我就是因为管理方面的原因才比其他人晋升晚。

这种气氛让我受到不小的打击。最让我难过的是，连我的组员都不愿意站在我这边，只是一直看我上司的脸色，有时对我连看都不看一眼，完全不屑一顾，对我说的话更是充耳不闻。

为了维护自己的尊严，我决定宣示自己的绝对优势，甚至在心里想着“给我记住！”从而萌生厌恶感和敌对意识。

可想而知，在这种针锋相对的关系下，是无法做出任何成绩的。结果我就被贴上了保守派无能主管的标签。

没想到，我居然从史上最强的士兵变成史上最凶的主管，这让我伤心极了。每天去公司成了最痛苦的事，没有人可以商量，而且就算有人商量，这种情况也不是一朝一夕可以改善的。

“就快要三十五岁了，作为新手主管，正要大展身手时，却因为无法提升团队表现而痛苦不堪。我是凭着自己的努力才坐上主管的位置的，之所以这么努力，就是因为我的自我中心主义。如果不是这么以自我为中心，早在晋升之前就在竞争中被刷下来了。

“而我偏偏天生欠缺管理的技能，最后的希望只剩下靠自己努力这个传家宝，但也因为年纪越来越大，就快要派不上用场了。应该说，想用还是可以用，但是再这样下去，我一定会对猝死这种字眼非常敏感。

“我拼命地工作，为了让顾客认同我的专业而努力工作，也取得了不错的成绩，但是在团队中被扣上无能主管的帽子，这未免太不公平了。”

当时，我不时想着这些事情，但是没有人愿意听我的心声。我心里虽然苦闷，却没办法停下来。我知道这样下去是无法提升别人对我的评价的，但也只能继续下去了。

我心想：“这样的状态应该就是所谓的地狱了。”太痛苦了，真的很痛苦。

上司让我多学习如何指导下属，也会给我提供一些研习的机会。但听到上司这么说，我只觉得生气，心想：“有这么多时间的话，还不如用来工作。我的工作质量随时处于风险中，拜托你多给我一些做事熟练的优秀下属吧。这样的话，不管要我学习什么我都愿意，什么研习我都去。你们这些事不关己的人，都给我闭嘴！”

不过，我发现自己内心深处的想法在这个时期开始有了一些变化。我开始注意到自己以外的人，而这些人多半是我的顾客。

[第二章]

制定一套“让工作自动运转”的系统

摆脱自我中心主义

“真的太痛苦了，这工作我快做不下去了。为什么我要这么辛苦？但是我很喜欢这个工作，我很想把事情做好。做自己喜欢的工作，以一个专业人士的身份做好工作，这就是我的生存价值啊。”

这个想法是我当时的精神支柱，自我中心主义到这个时候还是没有改变。想不到，像我这么自我的人，居然有人愿意把我当作伙伴。

那就是过去和当时的顾客。他们愿意把我这么自我的人当作伙伴，实在太令我震惊了，所以我也越来越喜欢这些顾客，把顾客当成自己人。只要肯努力，就可以受人肯定，这样的想法拯救了我。

到了这个时候，我终于从自我中心主义慢慢转变为顾客中心主义。我开始有了“让顾客感到幸福就是我的工作，也是我的生存价值”这样的念头。让顾客感到幸福的想法，开始成为我努力的动力。

由利己转为利他

这就是我从肯定自我转变为肯定他人的契机。我在公司里得到的评价还是很差，但我把主管当得这么差，想不到还有人买我的账，只要想到这一点，我就生出一股斗志，而且是非常强烈的斗志。

这股斗志让我顺利度过了三十五岁左右体力和精力的瓶颈期，我也知道了重视他人是多么美好的事情。在我的人生经验中，从利己转变为利他是一件意义重大的事。

我并不是直接改变了信念，只是因为不想让自己的专业形象蒙上阴影，才努力把事情做好，而这样的行动再转化为顾客的感谢回馈给我，让我知道了利他的重要性。

这时，我对待下属的态度和管理风格还是没有改变，甚至更严格了。只是一个劲地把心思都放在顾客身上，把与顾客相处放在第一位，所以花在下属身上的时间越来越少。“超级放牛吃草”的原则并没有改变。

正因为采用“超级放牛吃草”的原则，我都是在最后一刻才关心下属的进度，赶在最后一刻才把之前没做过任何指导和指示的工作接过手，而这时已经没有时间了。站在下属的立场来看，一定很接受不了这种做法。

最近我常有机会和以前的下属碰面，虽然已经是十五年前的事情了，但他们总是笑着说“再也不想和山本先生一起工作了”，或“我人生中最糟的案子前三名，就是和山本先生共事的”。我对他们充满了歉意。

“终极个人项目”时期

想要善待顾客的心情越来越强烈，但或许是我太天真了，还是无法对下属和顾客一视同仁。不过这个时候我已经开始想，或许可以对工作上和我最亲近的下属采取一些有利于他们的做法。于是我开始思考如何让下属愉快地工作，并进行试验。

之后我更是大大改变了管理风格，试着采取一百八十度大转弯的行事风格。我舍弃过去“超级放牛吃草”的做法，开始仔细教导下属做事。

我不想认为下属不会做事，我希望以主管的身份，来补足下属做不到的部分。因此我亲自设计整个案子，给下属详细的指示，而且全程参与，频繁召开会议，和下属一起工作。打定了这是我个人项目的心态，从头到尾亲自参与所有工作。

这样的做法获得了下属的好评，我开始听到“想不到山本先生居然会这么做”的声音。

就在这个时期，我转换跑道，进入另一家外资管理顾问公司。前一家公司里“最凶的主管”这个坏评价，已经发展到甩不掉的地步，之所以换工作也有部分原因是想要逃离这个环境。虽然我努力想要掩盖“自己是个失败者”的意识，但潜意识里仍然觉得自己是只败犬。

到这一家公司后绝对不能失败！因此我决定沿用在上一家公司里备受好评的“终极个人项目”的做法。这个做法非常简单，只要在第一时间做好所有的假说，订出工作计划，仔细分配给每一个下属，最后再细心地指导下属该怎么拟订假说、搜集情报、撰写分析报告就可以了。

我也仔细执行 Plan-Do-See（计划—执行—检视），下达必要的指示和对策。若下属工作进度不佳，我就马上插手帮忙。如果完成一个案子需要三个月的时间，这期间我会一直跟下属在一起，甚至一起到现场去。

跟当初放任下属自己做事的“超级放牛吃草”做法相比，这样的做法给下属的压力似乎比较小，很多人工作的时候表情都很放松。我参与得非常彻底，不管是重要的采访工作，还是搜集情报、说服顾客等，一定都是我亲自主导。

过了三十五岁，我在公司已经是所谓的“合伙人”，相当于一般企业中的部长或执行董事级别了。但由于这家管理顾问公司正值扩大规模的时期，想要乘胜直追，经理人数不够，因此我仍然继续担任经理的职务。

这个时期我突然很关心下属，也积极培育人才，隔周的周一早上举行读书会，甚至对下属进行拟订假说的个别指导。结果在这个新职场中，有越来越多的新进人员表示想在我下面工作，这一点令我非常欣慰，过去的心理创伤似乎就要痊愈了。

在这样的状况下，我开始把下属当作伙伴。一直以来我只关心自己，现在很自然地将对顾客的利他延伸到了下属身上。

结果这种希望其他人也变好的利他想法成为一股原动力，工作时让顾客、下属都能变得更好，成为我的首要目标。不但和顾客的感情越来越好，我和下属之间也产生了一种新的联结，营造出“伙伴”“战友”的关系。

赢得下属欢心，却无法帮助他们成长

乍看起来，一切似乎都开始顺利运作，但我总觉得哪里不对，其实就是特别忙。我已经快四十岁了，采用这种与现场过于密切的“终极个人项目”实在太辛苦，完全是靠意志力在支撑。我能依靠的，只有顾客和已经升格为“伙伴”的下属对我的支持。

这种做法有两个问题。第一就是真的太忙了，所有事情都要自己处理，毕竟个人能力是有限的。过去我一直不愿意面对自己能力有限这个事实，直到接了一件大案子，才不得不面对这个问题。

要亲自确认的工作实在太多，我每天从早到晚一项项地检查下属的工作内容，花再多时间也看不完。一些和顾客的重要会议，就算想出席也抽不出时间。

而且好不容易和下属 A 开完了会，却看到 B 带着恳求的眼神等着我，接下来还有 C、D、E……

因为已经开过会了，即使我不在，很多问题其实共事的下属靠自己的力量也可以处理，但他们不这么做。他们随时需要我，不管是顾客、下属，都会用“我们需要你”的眼神看着我。这就是第二个问题，“终极个人项目”无法培育人才，这是个很严重的问题。

现在想想，这也是意料之中的。我为了消除下属执行业务时的压力，采取了不需要下属思考的工作方式，所以下属不会独立思考。教育下属必须因人而异，虽然我觉得有必要教育下属，却不知道该怎么做。

而且我自己的时间也变少了，没有时间学习新东西、开发新客户，也没有时间为将来做准备。不只是下属，连我自己都苦于无法成长。

乍看起来，我和顾客、下属的感情很好，工作得很开心，事实上，我和下属都没有为将来投资、让自己成长。每当看着下属一个个地离开却没有成长，我的心里就很纠结。

就在这个时候，我重新感觉到“不改变不行了！”都已经快四十岁了，才第一次深深觉得只靠自己努力是无法把工作做好的，虽然这是意料之中的事。

下属发挥的潜力连一半都不到

我在三十岁换工作，过了三十五岁，在唉声叹气中终于当上了外资管理顾问公司的合伙人，但我只能靠自己的斗志来一决胜负，无法和下属做出“一加一大于二”的工作。会做事的下属是一加一等于二，普通的下属一加一等于一点五已经算好的了，其中的“一”还是我自己做的。下属发挥的潜力连一半都不到，不管是对下属还是对我来说，都是很不幸的。

我把所有的时间花费在眼前的工作上，除此之外完全没有空当。

在“超级放牛吃草”时期，我懒得参与工作初期的部分，全部交给下属去做，也不进行管理。后果就是，当我发现这样不行的时候，只好自己把剩下的做完。所以只有前半段轻松，后半段就忙于接过手的工作，忙得不可开交。

在“终极个人项目”的做法里，我会自己先思考、下指令，再和大家一起动手做，所以不像“放牛吃草”时那样，在案子一开始的时候还拥有自己的时间。结果就是每天从早到晚都忙于手上的工作，一刻不得闲，既没有时间投资未来，也无法教育下属。

从观察部下的行动开始

已经到了不得不改变管理风格的时候了，因为除了现场的工作之外，我还必须负责组织的统筹，而且后来还慢慢多了一些杂志的约稿和演讲等，营销方面的活动也增加了。

但是我不想改变做事的方法，很贪心地想要兼顾第一线的工作和身为团队领导者的工作。因为第一线的工作可以带给我很多新的发现和联想，这对我来说很重要，但是体力上无法承受。

因此，除了教育下属之外，别无他法。我只能让下属自己思考，但这是很典型的知易行难。

这时我已经过了三十五岁，我开始试用各种方法，不断尝试新的做法来指挥下属，并观察他们的反应和行动。换句话说，就是积累“说了这些话后，他会有这样的反应和行动”这一类的观察。我仔细观察自己和下属的相处方式、下属的反应和随后的表现。

就在我不断重复这样的动作后，突然看见了一线曙光，开始觉得：“原来如此，只要我这么做，下属就会自己动起来了。”

我把各项小技巧结合在一起，创造出几种团队工作的固定元素，例如就算自己已经有了答案，但是和下属开会时故意装作不知道，询问下属的意见。因为心里已经有答案了，所以可以很自然地引导下属，让下属将这视为自己分内的工作，积极思考。这时我才发现：原来工作的主导权是这么重要。

建立“山本系统工作术”

“只要将这些元素组合在一起，就可以创造出系统”，这样的想法并没有花费我太多时间，就像是神来之笔的灵感。我自己打造了一套可以重复执行的工作方法，也就是把多个大技巧、小技巧组织成系统。

为什么称为“系统”？因为是将各个元素组合并运作，之后不需要每次一遇到状况就重新思考，执行时没有压力，工作便会很自然地自动运转。

这套系统有几个目标：

1. 不是只有主管一个人拼命，而是包括下属在内，全体组员一起努力。

2. 下属和主管都能在工作中成长。

3. 绝对要做质量最好的工作，这一点绝不退让。

无法将管理视为一门艺术的我

很多人都说管理是一门艺术，如果真的是艺术的话，没有才华是办不到的。

很不幸，我过了三十五岁才开始懂得关心其他人。我在学生时代没有任何担任组织干部的经验，也没有参加过体育社团，更没有什么唬得了人的才华，但就算我这种什么都不会的人，也会有觉得进行得很顺利的时候。下属不会轻易放掉手中负责工作的主导权，而我也可以很自然地以主管的身份，引导他们到正确的方向上。

在这之前，我都是采取“终极个人项目”的做法，总是站在组织金字塔的顶端，单方面下达指令。工作本身的主导权完全掌握在身为主管的我的手上，然而这样是无法教育下属的。

这一点用我自己的经验对照一下，马上就能得到验证。从三十岁换工作起，我的自主性就很强，绝不愿意将工作的主导权让给其他人，也努力不让自己的上司插手。因为只要上司下了指示，我对工作的主导权就被夺走了。

有些上司会对我下达非常详细的指示，什么事都要插手，完全没有商量的余地。这会让我非常不舒服，瞬间提不起劲，只是默默照着上司要求的去做，甚至会在心里偷偷想：“以为我是人肉计算机吗？少瞧不起人！”

然而，自己不就是这样对待下属的吗？我居然对下属做出这么残忍的事。老是这样讨人厌也不是办法。

当时，我可以说是一个失败的商务人士。因为无法以艺术的观念来进行管理，所以必须有意识地学习必要的技巧，并将这些技巧定型，成为可以重复使用的模型，再对这个模型进行组织，创造出最适合自己的系统。

说得好听一点就是："所有的技能都靠后天学习。"事实上，我心里想的是："我没有先天的才华，从实务修炼也学得不怎么样，但是只要努力，就能做出样子来。不，应该说，一定要做出成果，对头脑不灵光、做事又没要领的我来说，这是唯一的生存之道。"

出版本书的原因

这里说句题外话，我之前已经出版了几本自我成长的书。出版第一本书时，在通货紧缩的压力下，卖得一塌糊涂。不过，到了20世纪90年代后期，因为时势所趋，四十岁以上的群体被迫放弃原本日本式的经营管理方式，重新学习全球化下的生存技巧，我便以这群人为对象，在2004年出版了《四十岁开始的工作术》。

接着在次年年底，我写了《写给生存不安的年轻人》，这本书是写给那些历经求职冰河期、为不知如何自我成长而焦虑的读者。我知道，三十岁上下的年轻上班族都很焦虑，但是这些人都有严重的错误认知。现在坊间非常盛行逻辑思考等各项技能，但如果年轻人只是搭上这股学习技能的潮流，是没办法脱颖而出的。

在那本书里，我主张大家都应该尽可能在短时间内，以最有效率的方式学会所有人都在学习而又老掉牙的这些技能，接着再学习自己擅长、独特的技能，来和其他人有所区别。

那本书中并没有提到主管用人的技巧，因为目标锁定的是还没有下属的读者，再加上我也很犹豫是否应该提到自己管理下属这件事。

曾经和我共事过的人，应该对我会撰写与管理相关的书感到不可思议吧，就算他们对我说"我绝不读那么糟糕的主管写的书"，我也无法辩驳。

没错，我犹豫就是因为怕丢脸，我不想让大家知道那段丢脸的过去。因此动手写这本书的时候，我再度感到当时的痛苦、不舒服、悔恨、失望……甚至还感觉到自己仍然被这个早该遗忘的心灵创伤所影响。

接着于2005年出版的《成功俱乐部》，写的完全是我个人的成长过程。

过去这三本著作，都是以个人成长为主题，因为只描述自己心中的纠葛，写的时候不会太痛苦，但如果是写到和其他人相关，或以他人的观点为主题的内容，就会非常痛苦。

不过身为作者，我慢慢感觉到自己有义务向读者披露那段丢脸的过去，理由很简单。

组织金字塔已经瓦解

在这二十年的通货紧缩期间，很多企业不得不数次暂停年度招聘，然而，在终身雇佣制的经营理念下，过去如金字塔般稳固的组织形态逐渐瓦解。

在组织金字塔还呈现和缓而美丽的等腰三角形的时代里，工作上需要的商业技巧都是跟在前辈身边学习、模仿而来，学习的素材唾手可得。而且因为人才金字塔非常完美，可以很自然地避开工作质量劣化的风险，同时进行人才培育。

但是现在的组织金字塔，三十五岁到三十九岁的员工人数增加了，年轻员工却变少了，甚至经常听到很多公司指派给主管的下属居然全靠招聘新人这种令人啼笑皆非的事情。

现在三十五岁以上的主管可以用的下属人数比过去少，公司却要求他们做出比以前更大的贡献。加上前辈也要发表意见，在这样的情形下，如果管理下属时不花点心思，主管可能会筋疲力尽。

如果我是上述三十五岁以上的年轻主管，那些天赋异禀的“管理达人”所说的话，对我来说应该不会有帮助。而那些在组织稳定的公司里顺利升迁的前辈主管，就算他们说到以前有多辛苦，在我听来可能也觉得有百害而无一利。

我这种既没有才华也没有能力、修炼过程中问题百出、只靠着自己的努力存活下来的人，经过反复的跌跌撞撞与痛苦，不断学习、尝试，并加以定型，终于将这一切变成一套系统。我使用这么朴素的方法，所说的话说不定更能得到大多数人的共鸣。

自从2009年创业后，我曾受邀举办讲座或演讲。我发现，比起个人成长的主题，大家明显对组织管理的技能有更大的需求，因此我决定出版一本书。

我写这本书时，就知道一定会有天赋异禀且熟知组织管理的人认为"这个作者是笨蛋吗？"而瞧不起我。然而这本书就是写给为中年危机所苦又不得要领的中坚人员看的。

先了解系统的架构

从下一章起，我将为各位介绍和下属一起共事的各项大小技巧，也就是所谓的"山本系统工作术"。在这之前，有三件事必须先告诉各位。

首先，我希望读者都能先了解这套系统的架构。管理技能是一门被称为软性技能的"综合艺术"，用来管理下属和工作团队，因此更需要一套稳定且能持续创造成果的系统。

在此岔开一下话题，留学美国期间，我曾经为了转换心情跑去学绘画，是在一间专画人物像的教室里。

当时我心里想，绘画是一门艺术，最重视的是才华和感性，老师看了我的作品后，应该会给我一些不是很具体但具有艺术气息的建议吧。

没想到事实完全不是这样，所有的一切都有规范的“模型”。绘画教师所教的，都是“脖子长度和肩膀宽度、手臂长度比例差不多的话，就可以画出自然的人体姿态”这类技巧。有艺术才华的人应该会很讨厌这样的教学吧。

但是我觉得这样很好，因为我没有成为职业画家的才华，只想把绘画当成休闲时的兴趣。

这个经验让我体会到，即使在艺术领域，套用“模型”也可以很有趣，而且很重要。这样的方式适用于很多不同的领域，只要套用模型，就可以保证一定的工作质量，最后只要再依照自己的方法调整模型就行了。

当然，我不希望读者只是把管理当成休闲时的兴趣，而是希望本书的“山本系统工作术”能够为大家带来启发，成为自问自答时的依据，最后再创造出属于自己的工作术。

等大家记住了这些内容，身体自然而然地动起来，做出稳定且持续的成果后，如果想进一步改善自己的系统，再加入艺术的要素也不迟。

这是一套立即见效的系统

第二件事就是，这套系统还蛮有效的。

制定系统的过程非常困难，得费很多脑筋和精神，动用四肢、双眼和五感。因为我必须不断试验“如果我这么做，下属会有什么样的反应？”，从而引导出正确的答案来。

一旦发现“这个做法很适合我”就立刻记在笔记本里，随身携带，并且持续实行，之后在实务上不需要再一一进行试验或思考新的做法，可以以极高的效率来工作。

对全身上下都是弱点的我来说，管理团队和下属是我最大的弱点，但因为我制定了一套自己的系统，就解决了这个问题。一试之下，工作真的变得很轻松，于是我开始对管理产生兴趣，进而有了要改善这套系统的想法。

在这之后，公司指派我担任团队的领导者。除了在日本国内，我还获得了以领导者身份活跃于世界舞台的机会。我觉得自己能够成为团队的领导者，就是因为掌握了“山本系统工作术”。

如果我没有察觉到建立系统的必要性，现在不知道会变得如何。我想，一种可能是为了工作鞠躬尽瘁、死而后已，早晚倒地不起；另一种可能是在工作上遭遇很大的挫折，还坚持实行“个人项目”，在拼命、吐血的同时，还对自己无法成长感到悔恨不已。

这本书的首要读者，设定为三十五岁上下、有下属的主管。如果你和从前的我有着相同的烦恼，不管你年龄多大、在公司担任什么职位，相信本书介绍的系统工作术都会对你有所帮助。

有很多读者即使过了三十五岁也没有下属，但这些读者如果不懂得管理的技巧，工作就不会有进展。因为当你面对助理、会计、总务等管理部门，或其他部门的负责人、其他公司的负责人、顾客，如果没有发挥良好的领导力，工作就不会顺利。

为了改善与下属共事的效率，我研发出的这套“山本系统工作术”，也适用于和其他人共事时的所有情况。结果我发现，自己再也不会像以前那样因为无法主导工作而烦恼了。在这层意义上，我相信不管对于年龄较长还是年轻的商务人士来说，都是很有帮助的。阅读的时候，请务必将从下一章起出现的“下属”，替换成符合自己状况的角色。

让下属握有主导权并成长的梦幻方法

第三件事在下一章还会详细说明。“山本系统工作术”的目标在于，让下属握有主导权的同时，也能确保工作的质量，也就是要建立一套“即使主管不插手，下属也能创造成果”的安全系统。另外，还希望下属借由与主管共事来激发自己成长的欲望，朝着自我成长的目标行动。

各位读者或许会认为：“哪有这么好的事？”本来我也是这么想的。当时，我就快要被未知的恐惧击倒，在做最后的垂死挣扎。事实上我发现：“这套系统真的很管用。”这是一套和过去完全放手交给下属去做，或全部自己处理的风格完全不同的方法。

说不定这就是唯一能够洗刷我"史上最凶主管"污名的机会。让我痛恨不已的辛苦付出，现在全都成了美丽的回忆。我告诉自己："当时的辛苦、苦恼、奋斗，带给我'系统'这个美丽的宝藏。我真应该感谢那些痛苦的回忆。"

完成这套系统后，我曾经数次担任团队的领导者，这时我也将这套"山本系统工作术"运用在工作上。

研发出这套系统，我甚至觉得自己朝成功商务人士更迈进了一步。最重要的是，我的时间变多了，工作的速度变得飞快，可以同时进行好几个案子，甚至还有余力写这本书，研究新的领域，还找到了让我埋头其中的兴趣。那年夏天，我每天都觉得人生很充实。

这完全归功于下属对工作握有主导权，再加上工作质量提升了，下属和我创造出一加一等于三甚至等于四的局面。更棒的是，下属也随之获得成长。

结果我多出很多时间可以提升自我，例如布局未来这种下属无法处理的工作，也能轻松解决。缺乏才华的我借由制定出这套不需要才华与感性的系统，获得了这么大的成果。

从第三章起，我会具体地与各位读者分享"山本系统工作术"的各种大小技巧。

第三章介绍管理者的"思考术"以及应该反复执行的

“习惯”，如何将主导权交到下属手上，让下属愿意做事，并且有效回避工作质量降低的风险。

第四章则为各位介绍让下属拥有工作主导权的“管理法”，以及其中所需要的沟通技巧，也就是“传达指令的方法”。

最后第五章里，将针对要达到这样的管理方式，主管应该拥有的心态，发表我个人的看法。

希望大家都能借由制定系统，以最自然的态度来面对气氛诡谲的部门或下属管理这个被称为艺术的难题。为了让下属和顾客感到幸福，请大家一定要拿出勇气和使命感，打造出一套属于自己的系统，这个成果将会为你带来极大收获。

[第三章]

建立有效的思考术与习惯

1. 工作成功的关键，取决于起跑速度

首度公开，山本系统工作术！

像我这种没有天赋的凡人，带领下属或小团队时实在不能没有一套系统。如果完全依照自己的个性或当下的想法来做事，不但会降低最关键的工作质量，浪费自己的时间和精力，同时也会耽误重要的下属和团队同人。

接下来将具体介绍“山本系统工作术”，这一章先从入门开始，也就是制定这套管理系统的“思考术”和“习惯”。

在本章和下一章中会为各位具体介绍一些要点，为此所苦的年轻主管，相信一定可以借此提升团队士气，一起创造良好的工作成绩，成为懂得用人的好主管。

本书的撰写是以企划的作业流程为例，读者也可以运用于团队拟订计划、管理进度，或和同事共同进行某项作业的

情况，请大家配合自己的工作内容来替换。

自从制定了这套系统，下属对我这个上司的评价大为改善，甚至还有人说："和山本一起工作很快乐，因为太快乐了，总是不知不觉就做过了头。"

对曾经被称为最凶主管的我来说，实在无法想象会得到这样的回应。所以各位读者也请放心，人都是会变的。

在此我将首度公开这套"山本系统工作术"，为大家在制定属于自己的系统时，带来一点刺激。

公司指派三名下属给你，接下来要怎么做?

请各位想象一下，如果公司指派了三名下属给你，要求你订下三个月业绩增长一倍的计划，而身为主管的你，同时也要和下属一起负责第一线的业务工作，那么你该怎么做?

或许你曾经在研讨会中听过解决问题的方法，像"如何发现问题""如何从中引导出解决方法并落实到实际行动上"等，但没有学过"如何和下属一起以团队的力量来解决难题"。

这次的课题范围很广，只靠一个人的力量是做不了的。你同时还要负责现场的业务工作，即使这三名下属可以照你的意思做事，还是会很辛苦；再加上必须向要求仔细的上司报告工作进度，很可能会被要求重做。身为主管的你必须动起来才行。

一般人最常想到的方法，就是将工作细分成几个部分，平均分配给三个下属。但是三人当中只有一个人是可以做事的，其他两个人都还没有什么业务经验，而且你也没有教育下属的时间。

更糟的是，你根本不知道这三个人在想什么，他们看起来总是一副从容且满不在乎的模样，让人觉得缺乏热诚和干劲，而且还是典型的“等待指示族”，不下达指示的话，就完全动不了。

因为你之前都很仔细地教导下属，当然知道他们的工作质量、程度如何，但他们很清楚地知道自己有权利随时去找你的上司，抱怨你指导不周。最终的结论就是，你不把所有责任担下来不行。

只要想到这三个月的前途，你就忍不住忧郁起来。大家对你的评价本来就是“不懂得教育年轻同人的主管”，但是基于对成果的责任感，即使牺牲对下属的教育，你也决意要自己完成这项工作，已经做好了部长会在人才培育上对你画一个“×”的准备。

“拜托公司派更好的下属给我，我的恳求就只有这个。以前我们年轻的时候，比现在的年轻人更有求知欲，愿意主动学习，都不需要靠别人督促。最近大家都很重视人才培育，但这种事情不就是默默观察前辈、模仿而学习来的吗？”

就这样，你的牢骚完全停不下来。你的管理方式无法有效地让团队动起来，而要仰赖下属的力量似乎更是痴人说梦。只要想到这些，肩上的担子就更重了……

如果是你会怎么做？如何活用人才来推动工作，而不抹杀团队？如何才能和全身充满干劲的下属一起工作？如何让下属无须指示也会自己思考？如何才能制定一套将来还可以反复运用的系统呢？

这些想法的出发点就是“思考术”。当你面对一个课题，思考解决对策的时候，如果不改变思考方式，就无法提升团队的工作成果。这里必须达成的目标是：“工作成果没有破绽”“不让过度的负担集中在自己身上”“下属由衷地愿意为工作奉献”“创造出最棒的团队成果”“下属也因此成长”。

第一个关键词，就是彻底追求“假说思考”。

系统 1　无论如何，先展开假说思考

什么是“假说思考”？

各位或许曾经听过“假说思考”这个词，却很少人知道它具体来说究竟是什么意思。以前，我也是如此。

假说思考就是只凭借眼前的信息，思考现阶段的最佳答案。

没有人知道这是否就是正确答案，所以才称为“假说”。

不过，一旦拟订好假说，就要搜集各项信息，进行分析工作，来确认这个假说是否正确。如果进行完各项工作后发现假说错误的话，就再拟订下一个假说。如果假说的方向正确，但假说本身太过简略、不够清楚，就慢慢地再把假说调整成具体的内容（我将这个过程称为假说的进化）。

为什么假说思考在团队工作中很重要？因为假说思考是一种追求效率的方法，可以将团队的工作量降到最低。假说思考的优点在于，不但适用于团队，也适用于独立工作。

另一个优点则是在拟订假说、确认假说是否正确（称为验证）、拟订下一个假说、将假说具体化的工作流程中，可以进行工作分配，还可以借由假说思考，达到团队沟通的效果。

因此，对于带领团队的主管来说，假说思考是一项非常重要的技能，远比你单枪匹马奋战时更加重要。第一次的假说由主管拟订，确认和验证的工作则交由团队成员分担，当假说错误时（称为反证），再由大家一起思考下一个假说，并共同使这个假说再进化。相较于你一个人单枪匹马进行工作，这个方法可以做出更有效率、质量更好的成果。

绝不能放任团队自生自灭，也不能招致最后提不出案子这种失败的结果。即使最后有了好成果，也不能在截止日之前要求下属彻夜赶工，使出吃奶的力气来做事。假说思考可以说是一种能够同时避免这几种状况的方法。

因此，在工作开始之际，就必须给下属“这个方法似乎比较好”的引导。

团队同人可以在现场获得最直接的信息，因此与他们一起思考反证后得出的下一个假说，或假说的进化，可以更有效率地提升假说的质量。身为主管的你就可以用最快的速度做出更棒的成果，这就是采用系统工作术的意义。

史上最凶主管的口头禅：“反正先调查看看再说”

当我还是“史上最凶的主管”时，所下的指示都是“反正先调查看看再说”“你先去听取客户的意见再说”“反正你先去看一下数据”，这样的做法跟“在有限的情报中，先做出暂时的结论”的假说思考完全相反。

“反正先做再说”这种说法，在职场上就跟“我其实没有想太多”是一样的。这代表着“因为我什么都没想，所以你们先去帮我找一些参考的材料过来”，无疑是在告诉大家自己是个不负责任到极点的主管。

因为自己交代的调查目的含混不清，当看到在这种前提下所进行的调查、听取意见、数据分析的结果后，就只能再交代更暧昧的指示，例如：“应该还有其他可能性吧”“嗯，还有没有更有趣的结论？感觉这不够有力”“再去找找看有没有更令人耳目一新的东西”。然后，再把下属送上调查、听取意见、数据分析的战场。

这可以说是我在“超级放牛吃草”时期最常做的事，现在回想起来真是情何以堪。

听到这样的指示，下属也会在心里说：“告诉我怎样才叫有趣啊！”“这种指示谁不会！”不会由衷地认同。如果下属的干劲或实力不足的话，只会把“上面的指示太暧昧了”或“搞不懂到底要叫我做什么”这些想法放在心里，就算不高兴，还是会继续遵照你的指示去做。

下属工作时强忍着“你又不是名嘴、评论家，只是个主管啊”这样的想法，到了最后，身为主管的你觉得再这样继续下去就糟了，“不行，我得自己来”，于是突然跳出来干涉工作的内容，暂时应付当下的窘境。

只是把调查当兴趣

对“反正先调查看看再说”型的主管来说，不看到完整的现状是不会满足的，但是这种全面调查式的做事方法，可以说是极度浪费时间的。

无用的材料越多，就越看不清楚隐藏在其中的课题，以及产生课题的原因。信息量越大，只会使事情更加混沌不明。

如果你自己想采取全面调查的做事方法，完全是个人自由。或许你不在乎花多少时间、熬夜到多晚，只在乎是否能满足自己对于知识的好奇心。

但当主管的人，如果只是一时兴起，或运用权力来使唤下属，那么下属只要听到“反正先调查看看再说”这样的话，心情就会变得沉重。

“这样工作真的做得完吗？”当年我采取这种做事方法时，一个下属就对我提出过这样的疑问。

这种全面调查的做事方法是绝对行不通的，如果你有这样的坏习惯，一定要马上彻底反省。团队里年轻下属已经越来越少，没有多余的时间做这种没效率的工作。另一方面，中高年龄的比例越来越高，意见也只会越来越多。主管如果掌控不好整个案子，年轻职员会因为过度的负担而溃散。这样的风险正隐藏在现今的团队当中。

主管必须马上将做事的方法改为“假说思考”，也就是“现阶段的结论是这样，之所以会这么想的理由是这样。我们一起来验证这个假说是否正确”。

纸上谈兵症候群和经管书籍依赖症

“好，那就开始吧！”假设此时你全身充满干劲，决定采用假说思考，很多人会马上回到座位，开始咬牙沉思。我在进行假说思考的修行时也是如此。

虽然假说只是暂时的结论，但如果相差太远的话，可就赔了夫人又折兵了。经验较少的年轻主管通常做不出什么太了不起的假说，因为经验不足，所以总是拼命地在办公室里抱头苦想，最后得到的结论都是纸上谈兵。

果不其然，和上司开会时，这个在咬牙沉思中想出来的初期假说就被驳回，自己还得忍受下属冷漠的眼神，不禁意志消沉。我的眼前常浮现这样的情景。因为以前我拟订初期假说时，也会陷入“纸上谈兵症候群”的陷阱中。

这时可以让人振奋精神、值得信任的，就是企业经管杂志和畅销书籍了。仔细一读，会发现内容真的很棒，让人佩服不已，于是马上成为经管杂志和书籍的信徒。

信徒常常是盲目的，对于名著里提出的主张深信不疑，我以前也曾经绕过这样的远路，还会得意扬扬地论述书里的理论。对身旁的人来说，你看起来只是一个狂热的信徒，证据就是，当你受到质疑而且就快要败退时，便搬出“但这是某某大师提出的主张”来逃避。

经管书籍依赖症的问题在于，读者会认为里面的主张是绝对的，在这样的前提下硬套用到自己的公司。稍微有点常识的人都知道，这种方式是无法引导出好假说的。

经管书籍里写的是适用于每一家公司的概括说法，或举出一些成功案例、预测未来发展，而这些内容都不会直接适用于“本公司的状况”，这是一定的。

逻辑原理主义是无法找出答案的

很多主管这时候会开始针对问题进行因式分解，也就是所谓的逻辑思考法。这个方法主张必须网罗所有可能产生结果的主要原因，并确定各个原因是独立的，进行因式分解。乍看起来这是十分合理的做法。

这个方法在思考阶段确实是很好的参考指南。把结果圈起来，在下方画四个左右的圆圈，分别写入原因，再用直线连起来，画出来就像一棵树一样，这就是大家熟悉的逻辑树。

但就算一直盯着这棵逻辑树，还是看不出最重要的答案。如果不能从别的地方找答案，只靠逻辑树是永远得不到正确答案的。仔细想想，这也是理所当然的。

不要在工作的开始阶段花太多时间

那么，到底该怎么做才好呢？对新手主管而言，因为现场经验不足以建构出自己的假说，所以首先必须以极快的速度搜集到高质量的信息，接着粗略地整理出假说，这就是主管一开始必须做的工作。

例如马上拿起电话，打电话询问可能有相同困扰的同事、前辈或业界的其他朋友，也有人会把这个问题丢给在饭局或读书会上认识的朋友，以“如果是你，会怎么做”的方式来听取大家的宝贵意见。或拿相同的问题去问第一线的负责人，或其他部门的高手。

记住，不要在这个阶段花太多时间。因为就在你搜集各种高质量信息的同时，团队同人只能干等你的指示。千万不能说出模糊的指令，让大家把心力花在不必要的工作上。

不要让团队无所适从，也不能要求他们进行不必要的作业，但是自己的经验又达不到足以拟订假说的程度，这简直是太痛苦了。既然如此，那只能借重别人的经验与智慧了。书本里的知识都只是样板，因此若有机会向人请教“如果是你，你会怎么做”，那是最好的。

事实上，这正是管理顾问公司的强项。大部分管理顾问公司的主管也经常为了拟订假说而不断和全球具有类似工作经验的朋友取得联系，为了建构假说而举行电话会议更是家常便饭。这样一来，便能以极快的速度建立假说。

务必在两周内建立假说

尽管一再强调要尽早建立假说，但不知道必须在什么时间内完成，是被指派工作的当天？几周内？还是赶在截止日之前就可以？

以我的经验来看，如果是需要花三个月讨论的案子，最好在最初的两周内完成接近最终解答、具有信心的最终假说。即使是很棘手的案子，如果不能在最初的一个月内决定最终假说，之后的管理就会很吃力。

如果是期限更短的案子，例如两个星期内就得一决胜负的话，就必须在最初的三天内做出接近最终解答、具有信心的假说，否则之后就会很辛苦。

只有在第一时间以极快的速度向前冲的主管，才能获得胜利的荣光。在最初的两个星期内，你必须建立初步的假说，然后立刻验证，重新拟订假说，修改再进化，必须以极快的速度重复这些动作。

两个星期后，你手上必须握有一个相当接近正确答案的假说，可以自信地告诉自己"差不多就是这样"，这一点非常重要。只要能做到这一点，就不必担心工作陷入危机，这样的安全感会让你精神上轻松很多，也不会让下属无所适从。

系统 2　忘掉逻辑，画张图吧

画出理想的样态

现在你已经知道要尽早行动了，那么，具体来说要如何拟订假说呢？

"山本系统工作术"的第二要素可以用一个说法来概

括，那就是“画图”。也就是针对这个课题，想象结论应该是怎样的状态，然后画下来，画出一种理想样态、希望呈现的样态。

我的做法是不使用那些看起来很难的逻辑方法，只要简单、明了，所以请暂时忘记那些难懂的理论。总之，就是在脑海里描绘出一个实际的商场样态。没错，就是要靠想象力，在脑海里想象出那个“就是这个”的画面。

如果是“业绩增长一倍”这样的题目，就先在脑子里描绘出具体的结论会是什么。例如，“我要提出一个不同于其他公司的提案，并将业务集中于营业额较大的客户，还要在主要地区抢到比较大的市场占有率，获得主导权”。这样的内容就会变成假说。

因为是想象的内容，所以可以接着想到客户的容貌，揣摩业务负责人的表情、讨论提案时的对话，也可以想象出客户点头赞同的样子。请大家在脑海里生动地描绘出来，接着再想象一下这样的画面是否成立。

接着自问自答，检查可行性

当画面出现在脑海里之后，接下来为了确认这样的画面是否成立，要让自己变成双重人格来进行检查。第一次检查时，先问自己以下四个题目，确认能否在不结巴的状态下回答：

1. 是否符合社会潮流？

2. 是否考虑到顾客的变化？

3. 能不能和竞争对手做出区别？

4. 这个提案的想象是否可以实现？会赚钱吗？

你所描绘的内容必须很好地回答这四个问题。

当你进行这四个问题的自问自答时，同时也在检查你对答案的想象是否正确。如果描绘的画面在脑海中逐渐成形，也能顺利回答这四个问题的话，那就可以认定这个假说是正确的。

第二次检查，再进一步确认

当你看见了“就是这个”的理想样态，接着就再进一步确认。不管通过可行性检查时有多兴奋，都要先镇定一下，认真地进行这项检查，看看这样的景象是否可以落实到商场上。

这就是第二次检查，例如：

1. 顾客是谁？有哪项需求没有被满足？

2. 应该提供什么样的商品或服务？

3. 可以提供这项商品或服务的体制是什么？

4. 提供这套商业模式需要什么基础设备？

5. 持续性的差异化因素是什么？是否经济？会赚钱吗？

以刚才的例子来说，就必须进行粗略而不能有任何遗漏的检查，例如：“依据营业额高低设定客户的优先级，找出这些客户共通且尚未获得满足的需求，增加拜访客户的次数。在那里会遇到什么样的客户，跟他说了什么样的话，做了什么样的提案。竞争对手因为公司组织架构上的限制，短期内无法像我们一样提出如此直接的方案，于是我们拿到了这笔生意。再加上公司在这个地区增派了一点五倍的战斗人数，可以趁机掌握整个地区。总公司也会设置支持团队。在经济层面上，虽然第一年会是赤字，但两年就可收回成本。”

逻辑思考法的根本就是提出“Why”（为什么）或“How”（如何）的疑问，然后再思考答案，因此必须在提出问题之前先有一个明确的方案。

如果你提出“要采取这样的业务策略”的方案，对于“Why”的疑问，就要检查“因为客户的这项需求尚未得到满足”“若提供这样的商品或服务，需求就可获得满足”“若要提供这样的商品或服务，就必须有这样的体制”“因此需要这样的设备”，检查是否有遗漏或重复，这就是逻辑的作用。最后再检查“差异化得以继续的理由及经济性”。

身为主管的你必须先拟好要确认的内容，才能进行检查。请把逻辑方法这类的形式置诸脑后，想象一下“如果我是公司老板，我会这么做”，想象公司的价值和自己的资产联系在一起，这时要完全忘记繁杂的公司政治等状况。

像这样以想象力练习拟订假说并不难，我也曾经在一些公司的干部研习营里采用这个练习。

从屁股开始思考

只要改变思考的顺序，就能轻松习惯这样的思考方式。我在研习营里证实了这件事。也就是说，“从屁股开始思考”就是重点。

大家只是习惯了从头开始思考的做法，例如：“环境怎么样、客户怎么样、业绩怎么样、竞争对手怎么样，所以我们要采取这样的做法。”而我只是将这样的习惯，矫正为从后面思考回来的模式。

大家实际接触了这种新的做法，之后只要习惯就好了，接下来把这个系统放进脑子里，就可以随时凭着自己的意志重现。

我会在最初的阶段，就做好以下这种程度的假说：

“我认为结论应该是这样。不管是从社会的变化、客户的变化、竞争对手的应对，还是实现的可能性来说，这个方向都是好的。”

推荐大家使用板书

我对于这个假说的表现方式，也有特别的坚持。我会以图画或常见的概念图形式，尽量将假说具体化。

例如，画一个圆表示客户群，再依照优先级在这个圆里画出更多小圆，将客户分类。上方再画代表业务团队的圆，团队成员的人数跟圆的面积相应。再用箭头联结客户和业务，旁边再画圆，写上以前的业务模式和新的业务模式的关键词，也就是画出所谓的概要图。

虽说是拟订假说，但说得极端一点，只是在不被其他人知道的状况下进行这项工作而已。

把想法画成图的好处很多。首先，只要看一次就可以掌握整体状况，因此一下子就可以知道要做什么事。第二个好处是，因为图无法画得太复杂，里面的元素都很单纯，所以很容易对下属说明。画图时只能选取重要的元素，一些可以跳过的小课题，就直接去掉。

我工作的地方一定会放电子白板，一旦脑中闪过假说的内容，就缓缓起身，在电子白板上画成简单的图示。

如果用文字叙述的话，就会忍不住想写很多，但画成图示，就会要求简单，因此也可以舍弃相较之下不那么重要的元素。

对板书的坚持看起来似乎没什么技巧可言，实质上具有很大意义。只要坚持使用板书、坚持简化成图像，就可以养成简捷思考的习惯。

详细检查的工作就交由下属执行

身为主管，由我思考的部分就到此结束。这还只是约略的假说，结论之所以看起来很粗略，是因为因果关系的分析很粗略。接下来的流程就交给下属去处理，会比主管自己动手好一百倍。

当我脑子里有了假说，有时候我也会记在笔记本上，不过，我不会就这样要下属接受我的结论，不会直接告诉他们："这就是结论，请大家执行。"这一点在下一章里也会提到。

即使是我自己想出来的假说，我也会在和下属讨论的过程中引导他们，让下属觉得这是我们一起拟订的，甚至是他们自己拟订的。这是我的做法。也就是说，身为主管的我拟订的假说，其实是"准备于台面下的假说"。

这其实是把下属都拉进来的技术，但不管怎么说，主管必须尽早建立假说，这一点是毋庸置疑的。

接着，就要把假说的详细检查工作交由下属来执行，这时候主管绝对不能干涉得太细。

请各位想象一下，如果下属看到主管已经拟好非常详尽的假说，他们会怎么想？能力不好的下属应该会想，只要等你的指示就好了，反正你什么都会帮他做。能力还不错的下属也会乐得轻松，执行这个案子时越来越没有参与感。

这么一来，即使假说被推翻了，下属也不会着急，产生“糟了！得赶快转换方向”的念头。也就是说，对他们而言，这个案子就只属于你，变成了“不关我的事”。

对能力好的下属而言，这样的状况更糟，他们会觉得“都不交给我做”，而意志消沉、提不起劲来。

因此主管应该学会装傻，只要说“这份大家一起拟订的假说，就交给你们进行详细检查，越详细越好”，同时把工作交给他们。这种做法就等于把工作的主导权交到下属的手中。

能力好的下属或许还会挑战不同假说，这样也很好。也有些下属不会这么做，而是非常谨慎而详细地检查。无论如何，这个案子已经变成下属的案子了，主导权已经从你的手上转移到他们手上。所以如果验证后，假说被推翻了，下属就会感到心慌而来找你讨论，这就是我们要的。

不管是什么样的状况，假说都应该由主管来拟订。那么，主管应该以怎样的态度和行动来拟订假说呢？接下来为各位追加说明。

系统 3 主管在一开始要像小兵一样

假说思考 = 超级情报搜集术

我曾经提到，经验不足的主管很难只靠自己的经验来拟订假说，因此必须在极短的时间内，以极具爆发力且高效率的方式来增加情报量。假说思考中，最重要的就是“超级情报搜集术”。

换句话说，对主管而言，假说思考成功与否，完全取决于能否在短时间内获得确切的情报。具体的行动包括不断给朋友打电话，实际到现场勘察状况，聆听第一线或其他部门的意见，等等。

但光是这样，有时仍无法拟出让你信心十足的假说。前面曾经提到，如果这份工作有三个月的检验时间，就必须在最初的两个星期内拟好假说。事实上，很多人都无法在这段时间完成，该怎么办呢？

可以延长一小段时间，但希望大家还是至少能在第一个月就完成让自己信心十足的假说。如果在这段时间内还是无法提出一个明确的假说，这个案子就有可能失败，因为这等于让下属白做工。

不过，就算最长有一个月的时间，也不能在期限快到了的时候还没做出任何假说。一定要尽早拟出初步假说，然后立刻交给下属进行检查，如果这个假说错误，就再拟订下一个假说。

如果不是完全正确，但感觉不是相差太远，就以这套假说为基础，改进它，把它落实为更具体、更简单明了、更实际的假说。

因此，在找出“就是这个”的假说之前，一定要走在下属前面，投身于第一线。所以说，主管在一开始要像小兵一样，是这个方法中非常重要的一环。

不要呆坐在办公室，出去看一看

如果只是稍在网络上查数据是可以的，但网络上查得到的数据和切入点都是公开的，竞争对手也查得到。如果你以为这么做就可以和竞争对手有所区别，那就太天真了。为了做出区别，一定要得到别人不知道的情报，或从众所皆知的情报中引入不同的观点。

运用超级情报搜集术时，重要的是要全方位运用公司内外的所有人脉。曾经和我在同一家公司上班的前同事，就经常来找我，让我给他提建议，他不用花一毛钱。

虽然我没有义务教他，但有人来询问自己的意见，总是会很高兴，感觉自己似乎成了大学教授，会很认真地提供建议，甚至连参考文献、接下来可以去请教谁等，都仔细又亲切地向对方说明。

懂得如何让别人倾囊相授的人，通常不会一直待在公司里不出门。他们总是一脸和善的样子，得到别人的关爱。遇到这样的人来请教，我们往往会在不知不觉中提供了过多的服务。

不可思议的是，现实中有很多人是完全相反的，明明是来请教对方，却装作一副自己很优秀的样子，滔滔不绝，然后就这样回去了。来找你的时候，明明说“我想听听你的意见”，结果根本没有时间问任何问题。

这两者有什么不同？不同之处在于，潜意识里有没有真正把自己当成“小兵”的魄力。

如果有主管职衔的朋友来找我，诚心诚意地希望听到我的意见，我当然一定会教他。

但如果是整天只想强调“我也是很厉害的”的人，我也不想对他推心置腹。为了弥补自己的不足，一定要有拜托对方收自己为徒弟的心态，也就是要成为谦虚的小兵才行。

厚着脸皮到现场去

除了向外部的人求救之外，很多时候也可以从公司内部的人身上得到拟订假说的灵感。身为主管，不能只是派人过去，若能亲自前往，真诚地向人请教，相信对方也会愿意敞开心扉提供自己的见解。

但是大家不要误会了，这么说的意思并不是要大家永远只当个小兵，而是限定在“工作刚开始的两个星期内”彻底做个小兵。

一定有很多人觉得纳闷，就算是限定时间，为什么主管得亲自厚着脸皮到现场去呢？这一点，和取得的情报质量有相当大的关系。

系统 4　与其动脑，不如动动身体与双脚

一人分饰两角

相信上过沟通课程的人都知道，在情报传递的过程中，通过语言和文字传递效率很低。演说技巧的课程也告诉我们，外表和动作才是最重要的。

若是指派下属到现场查看后汇报，得到的只有语言情报和经验有限的下属脸上的表情。对于一些无法用语言表达的情报，如果下属解读错误的话，一切就完了。

身为主管，你的经验比下属丰富多了，因此你直接与现场的人员接触，和握有情报的人交谈，可以更明确地解读这些人的表情和动作所代表的意思。主管在这方面的信息转换能力应该强于下属，所以主管必须到现场去。

“现在我知道主管到现场的重要性了。但是，如果我一直

把自己当小兵，不但用不着下属，而且自己的时间根本不够，这样我会累死。不去现场我都已经很忙了。”

我仿佛听见了这样的抱怨。

没错，所以必须进行假说思考。在为期三个月的案子中，刚开始的两个星期要把自己当成小兵，经常到现场，并尽可能打开自己的雷达，努力搜集、解读情报。接着再重复推敲假说，拟出更强的假说。小兵的作业到此为止，接下来就要回到指挥台了。

如果在这里出错，会发生很多悲剧。有一段时间，我急于摆脱“最凶主管”的称号，所以不管什么都自己来，但体力上无法应付这样的“终极个人项目”。再加上只把下属当作高性能计算机来使用，下属永远无法成长。这样是行不通的，自己只会是个不称职的主管。

自恋主管的闹剧

假设你只凭着下属的报告，迟疑了很久，终于做出假说，并制定出方针，开始执行，结果却在某天遇到了大麻烦。

一位和这个案子相关的部门经理有一天突然跑来骂人，说：“我已经把自己的意思传达给你的下属了，但你们做出来的根本不是这样。”

身为主管的你慌了，于是和这位经理重新讨论一次，心想："这样不行，还是要我自己来。"

这样的主管，只会在叹气后出演悲剧的主角，心里想的是相较于下属的优越感。虽然板着一张脸，但是亲自到现场处理工作时，其实开心得不得了。

这简直就是自恋狂，迷恋自己的同时还皱着眉头。下属和上司看到这样的情景，也不禁会深深叹一口气，嘴里念着："完全没有管理和培养人才的能力。"这真可以说是闹剧一场。

但这样的闹剧每天都在每个角落重复上演。想要从这出闹剧（同时也是悲剧）中逃脱，最好的方法就是绝对不要违反"假说思考"和"一开始要像小兵一样"这两项原则。

语言情报都是陈词滥调

很久之前我就很着迷于上网，因为网络发达，任何人都可以方便地获得语言描述的情报。

正因为所有人都开始使用网络，所以如果想做出跟别人不一样的东西，就应该让目光变得更锐利。

让人觉得"实在太有趣了"的事物，都是在其他地方看不到、听不到的。具体来说，就是之前完全不知道的事物，或将大家本来都知道的事情，以不同的点切入。

但是，网络的出现让许多以前会因为"只有我知道"或

“比别人早知道”而觉得有趣的事物减少许多。所以即使面对同样的事件，也必须以不同的解释、崭新的观点来思考。

因为所有语言情报都会马上被分享，所以必须在无法语言化或难以语言化的事物上和其他人做出区别。那是一种不明确，但整体来说散发出某种诉求的情报，必须通过视觉、听觉和触觉来进行筛选和取得。

所以我才希望大家能够亲自到现场，依主管的经验，比较与以往所感受过的气氛有何不同，并解读这样的气氛暗示什么意义。这就是差异化的由来，并且要对下属说明自己为什么这么想，这是经验可贵的地方。

光是听客户口头上说“客人越来越少了，你们的商品根本卖不出去”，其实是没有意义的。如果客户这么说的同时，眼角还不停瞟着货架，你便可以感觉到，他们一定是在主推其他竞争品牌的商品。像这种从现场气氛中感受到的情报是非常重要的。

同时也希望大家能在潜意识里增加以身体感受获取的观察实例，并且在脑袋里建立一个现场的数据库。

我认识许多年过七十的企业家前辈，至今仍非常珍惜与他们之间的相处，我从这些长辈脑袋里的经验储藏库里学到很多东西。这些无形的积累，远远超过了我自己的经验。

请大家尽量发挥各种感官功能，对下属来说，这样的主管才是真正有用的主管。所有语言化的情报都是陈词滥调，只靠语言情报是无法和其他人有所区别的。

2. 发挥团队力量，将假说修正得更精准

系统5　绑架别人的脑袋，让假说进化

创造的喜悦与烦恼

假说是一次就能完成的吗？相信通过之前的介绍，各位读者已经知道答案是否定的了。一般来说，最早拟订的假说都会遭到反证，接着拟订下一个假说；或假说大致上适用，但会将假说修正得更符合现实、更具体而深入，让假说进化。

事实上，除非是极简单的案子，或是有过好几次类似的经验，否则很难一次就拟出几乎等于正确结论的假说。尤其是涉及新的商业模式的话，更是需要多次重新拟订假说。

拟订假说听起来很简单，实际上做起来很辛苦。相信所有人都希望能避免这项工作，可以过轻松又平稳的生活是最好的。不过，当你发现自己拟订的假说完全正中目标，

那种喜悦是无可比拟的。没错，这里头隐藏着“创造”的喜悦。

一个人如果成见太深，便无法学会“创造”这门功夫。我要求大家尽早建立假说，找出可能的结论，这么说似乎是要大家快点形成“成见”。

那么，“创造”和“建立早期假说”之间的矛盾该如何解决呢？想将这个可以创造出全新事物的动作系统化是很困难的。

有时候拼命想出来的假说完全正中红心，让人欣喜若狂，但这并不保证对下一个案子也可以提出相同质量的假说。只要想到这次的假说是苦恼了两个星期才想出来的，就让人提不起劲来。高兴的同时，又无法打心眼里高兴，就是这种心情。

在早晨淋浴时得到灵感

当我还是史上最强的士兵、最凶的主管时，我的创造法是史无前例的。首先进行调查、分析数字、听取客户的意见……在这么做的过程中，就会突然灵光乍现。

印象中，早晨淋浴的时候特别容易得到灵感，所以这二十年来，我每天都在早晨淋浴。而且我还发现，只要睡前在脑中反刍需要思考的课题，将思考的材料放进脑子里，早晨淋浴时得到灵感的概率就会更高。

一个人负责案子的时候可以这么做，但如果有了下属，就放手让下属去做，还对他们说：“我年轻的时候都是自己想假说的，所以我也要求你们这么做，都给我认真地想假说。”这样做只会让下属感到不安。

然而，我以前就是这样的主管，所以当下属告诉我“不知道怎么拟订假说”时，我只能下达“在早晨淋浴”，或“睡前把所有材料放进脑子里”之类的指示。如果你现在就得立刻做出假说，听到“在早晨淋浴”这样的建议，就一点帮助都没有。

“接管”下属的脑袋

那么该怎么做呢？自己拟好最初的假说，然后将这个假说变成下属的（详细方法将于下一章介绍），让他们去做检查、验证的工作。分析数字、听取客户的意见，这些工作也都分配下去。这是第一个星期要做的工作。

因为我对自己的假说还没有信心，所以当然会经常到现场去。跟着下属一起去听取重要的意见，也会自己看数字，但自己无法完成所有的现场工作，这部分要和下属一起分担。

两天后，大家各自把听到的意见、分析的结果和数字带来，开会讨论。这时就要实践一个方法——“接管”下属的脑袋，就像是把下属的脑袋当成自己的一样。

因为要接管下属的脑袋，所以要很坦率地仔细聆听下属的意见，并公开表示：“说错也没有关系，我想知道你的想法。”还要问下属为什么会有这样的想法，这是为了理解下属如何观察事实和思考的逻辑。

如果在听完下属的意见后，只是告诉他“不是这样的，这样不对，再想一遍”，那就全完了。这么做和“超级放牛吃草”的管理方式没有什么太大差别。而在“终极个人项目”中，根本连聆听下属想法的会议都没有。

绑架别人的脑袋，以获得全新观点

因为接管了对方的脑袋，有可能会将自己观察到的事实和思考逻辑，以及对方观察到的事实和思考逻辑混在一起。因此将这两种信息放进脑子里的时候，必须很清楚地区分“到这边为止是我的认知”“从这边开始是新的事实”。如果对方的思考逻辑里有一些有意思的部分，也要纳为己有。

我随时留意是否可以达到一加一大于三的效果，这非常有趣，因为可以切身感觉到自己的眼、耳、手变多了。下属的思考逻辑也很有意思，这些自己从没想过的思考逻辑，经常让我感到惊讶不已。

“超级放牛吃草”是一种对下属过度期待的失败做法，因为没有“共同完成”的感觉。每一个下属分别进行，再由我进行名为建议、实为批评的指点，只有在每一个下属都很优秀时才能成立。

因此我一口气将“超级放牛吃草”转换成“终极个人项目”。通常主管看待下属的标准很极端，只会以“能不能完全把事情交给他”来判断，而把事情交代给想法大致和自己一样的下属。

如果共同的想法不够多，就会觉得不安；少于一半的话，很容易不把下属当作独立的个体来看待，所以就把这些下属的工作全部揽过来自己做，等于是绑架了别人的工作。

遇到这样的情形，应该绑架的不是工作本身，而是下属的脑袋。“绑架别人的脑袋”这样的做法，既不同于“超级放牛吃草”，也不同于“终极个人项目”。

当然下属会有解读事实错误、研究不够深入的问题，也会有思考不合常理的时候，但是任何一个下属都至少拥有一个会让人觉得“这还蛮有趣”的想法，不能一味地否认。和另类相处，可以激发不同的想法。

想要接触成长环境、思考方式、经验都和自己不同的人，下属应该是最容易接触到的另类，而我们一定可以从每个下属身上学到至少一项“散发光芒的另类特质”。

事实上，自从我发现绑架别人脑袋的创造性思考法后，就觉得和新进员工的互动很有趣。他们对事情的看法和我完全不同，解读他们的思考逻辑实在很有意思。我想，这完全来自对于风格迥异的下属的好奇心。

这种绑架别人脑袋的创造性思考法，一旦进行顺利，就会变得很有趣，会感觉自己的体验一下子变得很宽广，原本受限于自己的思考逻辑，突然感受到自由的气息。

使用这个思考法，就像是拥有了两个脑子、三个脑子在进行工作一样。如果没有这些下属，就无法以这么快的速度达到思考的进化。事实上，我虽然在2009年离开公司，独立创业，但现在也和年轻人共事，让自己保持着多重脑袋的状态。

“绑架别人的脑袋”是非常重要的方法，接下来为各位详细说明。

系统6　利用“文氏图”，找出与下属共通的领域

与他人接触能产生突破性的进展

跟年轻人在一起时，会发现许多原本在自己经验当中认为是“正确答案”的假说和解答，逐渐发生变化，这是和他们共事时最开心的事。这不仅让我深深感受到固执己见的可怕，而且我自己也从年轻人身上学到很多。

在没有压力的状态下，或许还可以说出“向年轻人学习”这样的话。但是许多主管在公司里要顾及上司和下属，不但工作上要承受交出好成绩的压力，日常生活中也承受许多压力，向年轻人学习并不容易做到。

想从另类身上学习，是需要一点技巧的。这里向各位介绍我和下属相处的过程中体会到的一个小技巧。

和另类融洽地相处，最重要的是找出自己和下属之间的共通点。不管是什么样的人，都一定和自己有某些共通之处。想找出共通之处，就必须倾听下属观察到的事实，理解下属的思考逻辑，并且努力找出他为什么会有这样的思考逻辑。

如果只是聆听下属思考过后的结论，只想知道这个结论和自己的想法合不合，便丧失了相处的意义。看起来像是积极地聆听别人的意见，事实上只是出于无奈才这么做。

近年来人才培养的呼声高涨，如果连做做样子都没有的话，就会遭人非议。于是你装出聆听的样子，没想到是自己和下属不幸的开始。

当你开始心有余而力不足时，这个假动作也就很快地瓦解了，下属会立刻发现你聆听意见只是做做样子。一旦失去信任，就不会再相信你第二次，下属会变得不愿意说出自己的意见。

因此，如果只是装出愿意倾听年轻人和下属意见的样子，是绝不会有效果的。

思考一下，如何让两个圆重叠

请各位想象一下，用一个圆代表你的想法，接着再用另一个圆代表和自己持有不同意见的年轻下属的想法。两个圆要保持距离，不要交叠在一起（图 1）。

每个圆的中心点都有个别的主张，而整个圆的面积就表示为了引导出这个主张所选择的事实观察和思考逻辑。

这两个圆表现出每个人想法的不同，并且表示与不同于自己的人相遇的可能性。那么，两个独立的个体要如何因相互作用而结合呢？要怎样才能与不同于自己的人接触呢？

文氏图（图1）

“画两个圆”

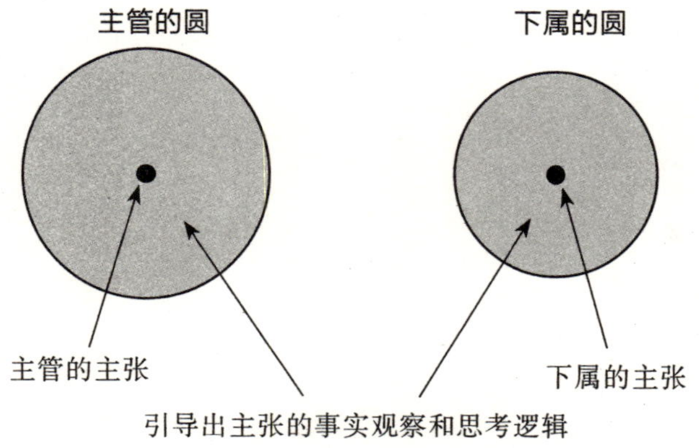

文氏图（图2）

“让两个圆的中心点完全一致”

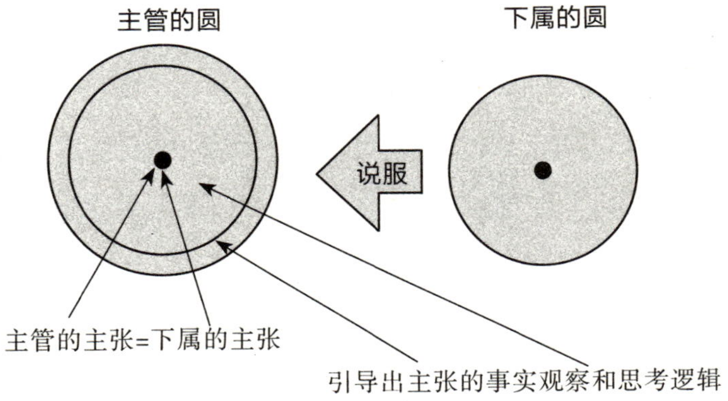

许多人都会想尽办法让两个圆的中心点完全一致（图2）。当然，如果自己的圆和下属的圆能够完全一致，是令人开心的，可以放心地将工作交给他，也不太会加以干涉。

如果两个圆还是无法交叠，为了让对方和自己想法一致，会想尽办法劝说，让两个圆重叠。

但是经由劝说能达到完全一致的，只有极少数人，于是我就把工作全部接过来。即使一开始以为可以和这个下属的圆达成一致，却在中途偏离，或下属的能力不足时，我也会把工作接过来自己做。

最凶的主管无法接受另类

最大的错误就是想法过于武断而单纯，想要两个圆完全交叠在一起。

任何一个人都不可能和其他人拥有完全相同的价值观和能力。很多时候会在事后发现，原来我以为想法和我完全一致的下属，其实是刻意迎合我的。也就是说，下属只是压抑自己的个性来“投靠”我罢了。

看到下属前来“投靠”，我会很高兴，愿意把工作交给这样的下属，对其能力不足的部分我也愿意罩他。但这是有条件的，他必须完全服从。乍看起来，两人之间就像是完美的师徒关系，但是因为缺乏与另类的相处经验，事实上是非常不完美的。

其实我心里一直的感觉是，这个人简直就像我的劣质复制品。这么一来，自己也无法得到进步。而当下属的圆和我的圆出现偏离的瞬间，我还会质疑下属的忠诚度，心中涌现出“徒弟是不是要造反了”的不安。然后，晚上带他一起去喝酒，一边训斥说：“你呀，还是太嫩了，事情不是这样做的。”

这种不完美的关系，更会在你失去绝对权力的瞬间立刻瓦解。那个你以为只是徒弟的下属，会突然对着你龇牙咧嘴，就像饲养的狗儿突然咬住主人的手一样。更有许多人发现，当自己被调到其他部门后，有机会和以前的下属一起开会时，会惊讶于他的想法已经和以前大不相同。

这种勉强自己服从上司的情况，很容易在团队中不断重复。一直以来，我都是勉强自己配合想法不同的上司。“如果你想做出自己的特色，就要绝对地服从我，才能在公司里出人头地。”应该很多人都曾经说过这样的话吧。但就是因为如此，公司才会越来越走下坡路。

很多人认为下属迟迟不肯报告工作上的纰漏，是因为怕主管不想听到那些话，所以不知道该如何向主管启齿。但问题的根本在于，你追求圆与圆之间达到一致的管理方式太过拙劣。

在主管的圆外围，再画一个圆

接下来，在主管的圆（= 主管的主张，以及引导出主张的事实观察和思考逻辑）外围，再画一个更大的圆（图 3），画出两个同心圆。

原本的圆和外围的圆之间的区域，依照关联性的强弱，填满了和这次结论之间关系不太紧密却又有点关系的事实观察和思考逻辑。

如果将正中央的圆比喻为引导出主张的核心事实观察和思考逻辑的话，那么外围的圆就是和这次主张相关但重要度较低的周边事实观察和思考逻辑。

试着把代表主管的外围的圆尽量往外拉，和下属的圆交叠。尽量让你的外围的圆和下属的圆重叠，创造更多的交集，这样就完成了传统的文氏图（图 3）。

对身为主管的我来说，这两个圆的交集部分就是我与另

文氏图（图3）

“在主管的圆外围，再画一个圆”

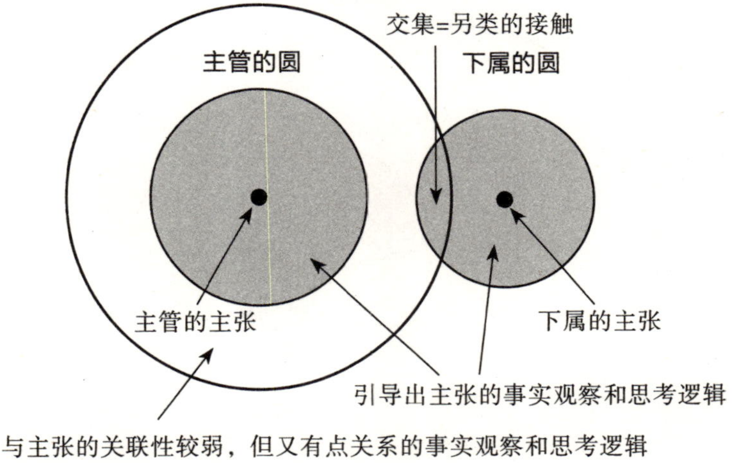

类的接触，这里就是我觉得不重要，但对下属来说非常重要的事实观察或思考逻辑。是不是觉得这里似乎存在什么新的刺激呢？事实上，自从建立这套系统后，我在潜意识里就时时想着如何让自己的圆变大。

不管因为什么，舍弃下属认为重要的事实观察和思考逻辑，这样真的好吗？至少在和我的周边事实观察和思考逻辑重叠的部分，我会问自己，是否应该改变一下自己长久以来的固有想法。

借由这个做法，我多次改变了自己的想法。不过，我很少不经思考就完全采纳下属的结论。主管应该做的，是将下属的雷达所接收到的部分重要事实和思考逻辑纳为己有，融入自己

文氏图（图4）

“将下属的雷达所接收到的部分重要事实和思考逻辑，融入自己的领域”

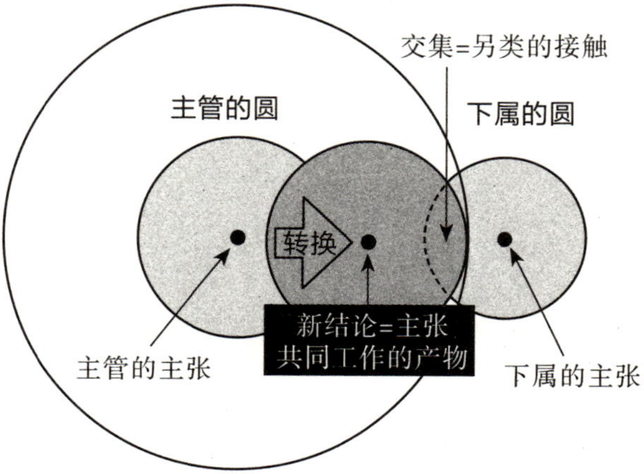

的领域，以得出全新的结论（图 4）。

从下属的角度来看，这个主张不完全是自己的，而对主管来说，则已经转换为和自己一个人思考时不同的结论，是一个借由共同工作所产生的结论。

找出彼此交集的聆听技巧

和下属见面的时候，记得要把握好自己的想法，并且随时提醒自己做好灵活向外扩展的准备。撷取下属的观察和想法中有趣的部分，并加以消化，相信一定可以更轻松愉快地接受另类的刺激，吸收另类的优点，使自己的思考进化。

因为一加一只等于一或二实在很无趣，为了达到一加一等于三的目的，这一点努力是必要的。

有一种做法非常有效，就是当你找到了与下属之间的交集后，不妨询问下属，是如何导出这个结论的。

只要这么问就可以了：你的结论是这样的吧，可以告诉我为什么得出这样的结论吗？

接着，一边聆听下属的说明，一边快速运转自己的大脑，检视这个结论和自己判断不重要而舍弃的事实观察或思考逻辑之间是否有联结点，而这个联结点是不是真的没有意义。如果是有意义的，就要再进一步思考，如何运用它来进化、扩充自己的思考方式。

于是你会对下属说：“你的观点非常有意思，这是一个非常有趣的事实观察，不过，要是能这样思考的话会更有趣。无论如何，你锐利的观察力使假说更进化了。”

在下属的圆外围，再画一个圆

到此为止应该都没有问题了，但有时候还是会遇到完全没有交集的状况，下属对自己而言仍然是没有意义的另类。这时候，就要再问一个问题：

“这么问或许和你这次的主张没有直接关系，不过你有没有其他觉得有趣、留下印象的观察或想法呢？如果有的话，我很想听听。”

没错，这个问题其实就是在扩大下属外围的圆，也形成两个同心圆（图 5）。这时候，如果你的反应是“哦，这个观察很有意思”，或者“原来是这样啊，这个想法我就收下了”，下属的圆就可能会越来越大。

就这样，当自己的周边领域与下属的周边领域重叠后，在我的脑袋里原本存在于周边的事物，就有可能升格，成为核心。

你是否有过这样的经验？和资深主管共事时，他会对一些你自己觉得不怎么重要的事实观察或思考逻辑有所反应，并且开心地说“这很有意思”，或“这真是全新的发现”这类的话。

文氏图（图5）

“在下属的圆外围，再画一个圆”

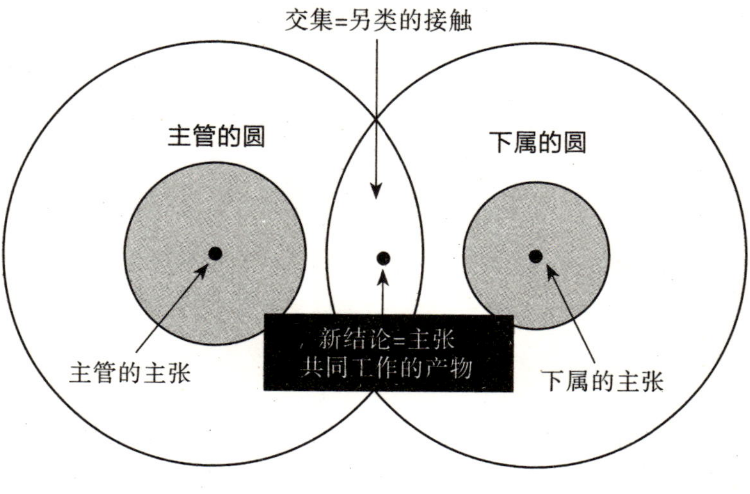

我自己和一些企业社长或董事谈话的过程中，有时候对方会对我提出的主张本身以外的周边材料有所反应，或对方的周边思考对我的观察和思考有所启发，然后就变成核心思考的案例。

人与人绝对不可能百分之百地一样，想法不同也是理所当然。你应该没有想过，你可以贪婪地将这些想法纳为己有，让自己的想法进化。

使用文氏图来获得下属的想法

我把这种方法称为“文氏图法”，自从有意识地运用这个方法，和下属开会就变得轻松许多。同时也重新体会到，每个人身上都有值得学习的地方，而且我可以更有效率地做出成绩，工作水平也提高了。

想要做出好的提案，最大的难题就是创造性。只靠自己的脑袋思考是有极限的，如果不加入新的观点和新的脑袋，就无法产生更多新的想法。一个人闷着头做事，做出的成果也无法跳脱过去的模式，感觉就像是遇到思考的倦怠期一样。

所以，我利用文氏图法来吸收与自己观点不同的另类想法，也就是绑架下属的脑袋。这样一来，就可以很快找到创造的喜悦。

这个方法能否顺利进行，完全取决于自己外围的圆能扩大到什么程度。如果自己的圆无法扩大，就接触不到下属的核心思想或周边想法。所以，当你成为主管后，必须积极学习如何有意识地扩大自己的事实观察和思考逻辑。

不管是聆听他人过去的经验、外部专家的建议，还是学习管理知识，阅读经管以外的书籍，甚至是在街上闲逛观察消费者，都是一种扩大自己关心领域的学习，而这正是文氏图法能够成功的关键。

3. 与下属齐头并进，完成工作

系统 7　舍弃蝗虫型会议，改为毛毛虫型会议

回到指挥台后

拟好初期假说，接着再利用文氏图法绑架下属的脑袋，于是得到了还算不错的假说，自己也有信心。接下来就必须进行假说的检查、验证与进化，接着再进行提案，提出一个具体、生动而且可以实行的结论。

到这里为止是两个星期。主管将自己当作小兵，和下属一起经常往现场跑。但如果假说都完成了，你还是以小兵的身份到处奔走，那就太荒谬了。那么，主管是不是可以从此回到指挥台悠闲度日呢？

其实只要定期召开会议，就能进行假说的验证、进化、下结论的流程了。一旦有了假说的雏形，就可以把工作分配给下属，接下来只要让下属朝着验证假说、提出结论迈进即可。

蝗虫型会议的问题

问题其实在于召开会议的频率。早期我的主管告诉我，大约两个星期开一次会最好，于是我在当上主管后，便不假思索地决定比照办理。

之后我才知道，部门会议是两个星期“最少”开一次，而不是两个星期开一次就够了。

如果身边的下属都有丰富的经验，这样的会议频率或许很适合。但如果下属的实力参差不齐，整体来说还有很多下属的能力有待加强的话，这样的频率就不太妙了。一两个星期后，很容易忘记之前讨论过的内容，要实践 Plan-Do-See，在这样的周期下也很容易失去意义。

主管出席两周一次的会议，之后就在座位上什么也不做，过了两个星期，又突然跳出来参加会议。像这样大部分时间都安安静静的，某一刻突然跳出来的主管，简直就像蝗虫一样。

这种蝗虫型的会议存在很多问题。例如，会忘记曾经讨论过什么；或找到了反证，必须进行大规模的计划变更，却已经来不及了；掌握风险征兆的时机点太迟，使风险浮出水面；原本只要一点小动作就能使工作顺利进行，却错失了建议的时机；观察下属的机会太少，无法适时提供建议让下属成长，等等。

毛毛虫型的高频率短会议

因此，我舍弃蝗虫型会议，而采用随时都动个不停的毛毛虫型会议的做法，密集召开部门会议，并要求所有部门成员尽可能出席，每周至少开一次会，多的时候甚至召开两次、三次。

因为开会的频率较高，每次会议的时间就变短了。如果有下属遇到无法克服的困难，我甚至建议每天都开会确认。

团队中如果有新进成员，可以事先告知："我采用高频率短会议的方式，因此经常开会，请大家配合！"同时，我会避免使用电子邮件沟通。我喜欢面对面交谈，真的没办法的话，也会召开电话会议。

为什么要这么密集地开会呢？消极的目的是希望在上一次会议的记忆还很深刻的时候就设定下一次会议，但最大的原因还是风险管理。

拟好假说就等于已经制订好整个计划，当计划落实到执行层面，一旦发现有问题就必须立刻调整。很多大型计划也会需要紧急变更，而且有时候还牵涉到其他部门或客户的反应。

所有的风险若早期发现都可以采取应对措施，时间拖得越久，就越难处理。

如果是进行假说的检查、验证，就希望能够在第一时间知道重要的分析结果是否符合预期、顾客的反应如何等，这些是没法等到一星期或两星期之后的。

想看到下属的表情

如果没法经常看到下属的表情，我会很不自在。因为如果下属对分配到的工作感到疑惑、对假说抱有疑问，或不知道该如何进行，都会表现在脸上。

如果能经常和下属见面，就可以随时知道他们是否有一些奇怪的反应。只要他们的表情出现任何异样，我就会马上询问本人。因为大多数下属都只会闷着头烦恼，很少有人会把烦恼带给自己的上司。

下属的脸色不好看，也有很多时候是受到个人因素影响，或职业生涯上的烦恼。如果主管无法适时给予协助，下属就无法在工作上有好的表现，所以要尽可能观察下属的表情，这是最好的风险管理。

在下属要和棘手的客户或其他部门的成员见面之前，最好事先提醒他需要注意的事项，给予鼓励后再送他上战场，否则会很危险。送上战场之前，如果能加上一句“好好表现哦，有什么问题就马上打电话回来，我会立刻赶过去，有事我负责”，这样就更好了。

嗅觉是风险管理的关键

很多人认为，当下属遇到困难的时候，主管当场和他讨论是最理想的。这么做并没错，但是会有两个问题。

第一，风险管理的判断需要高度熟练的技巧，交由经验不足的下属来判断是很奇怪的。不应该等下属来找你，应该由你主动出击。

风险管理的关键在于，在风险还很小的时候，就要能嗅出征兆，及早消除刚冒出头的风险。如果不是经验丰富的主管，是看不出这些征兆的。至少，你的嗅觉要比下属更灵敏。

另一个问题是，下属是不是随时找得到主管。除非主管都待在固定的地方等下属来找，但你有这么闲吗？每天忙着应对上司、客户的呼叫，还要处理大小事情，不可能整天待在那里，让下属随时可以找到你。

但风险又必须处理，如果是这样的话，那我们就不得不主动出击了。尽可能每天至少见下属一面，只要说声："假说进行得怎么样了？""分析的状况如何？""客户的反应呢？""还好吗？"这样就能有效地预防风险。

会议要在三十分钟内结束

为什么要缩短部门会议的时间？时间单位较小的会议，就不需要花时间确认该讨论什么内容，或复习之前讨论的结果，因此会比较有效率。只要大家达成共识，就可以将准备的文件数据减到最低。

像这样从效率的角度来看，缩短会议时间是很重要的。其实缩短会议时间有更重要的原因，那就是我们的头脑可以快速运转的时间有限，时间过长的会议其实没有意义。

绑架别人的脑袋，除了可以运用于讨论假说之外，还可活用于汇集整理结论或提案、讨论具体行动。记得随时聆听下属的发言，提出疑问，扩大自己的思考领域。只有不断思考，文氏图法才能发挥作用。

关于这一点，相信大家只要身体力行就能感受到，这么做其实蛮累的。我自己的极限是每次三十分钟，如果会议超过三十分钟，脑袋就会在某个地方停止运转。像这种脑袋无法运作的会议，开得再多、再久也没有用。如果会议长到让人打瞌睡，还不如不开。

系统 8 “粉刷墙壁”原则

空着双手去开会

一旦实行毛毛虫型的高频率短会议，下属的时间会被剥夺，但不能因此影响到工作的质量。为了提升每一次会议的效率，必须切实让下属知道你对每一次会议成果的期待是什么。

这一点也希望大家尽可能下达清楚的指示，例如：“希望在后天的会议中，这些资料能做到这个程度。”但是现实中，你没有这么多时间一一下达指示，因此掌握工作成果的大原则才是符合现实的做法。

我对工作成果的要求有几项大原则：

1. 给客户的资料绝不能偷工减料。

2. 内部使用的资料形式不拘，特殊情况下甚至可以不用重新整理成文件或书面数据，也可以接受潦草的手写或影印数据。

但很多人还是会拘泥于形式。很多年轻人以为制作一些根本派不上用场的 PowerPoint（幻灯片）、Excel（表格）数据就是在工作，一整天都坐在办公桌前和计算机奋战，让许多主管连连叹气。

请各位记住，下属会有这样的行为其实是主管引导出来的，因为你没有订出原则，才会变成这样。

在一个没有订出原则的团队里，下属都想尽可能拿高分，所以会在PowerPoint上花很多时间是理所当然的。这也是一种无为之罪，因为你什么都没做，才出现这种现象。一定是你曾经看到下属提交的PowerPoint资料后，不经意地发出了“做得很好”或“整理得很清楚”这种言论。

数据在最后一刻完成即可

无论如何，最后还是需要做出公司内部使用和提供给客户的数据，这一点是肯定的。那么，到底应该怎么做？什么时候做？

我创造的原则就是“粉刷墙壁”原则。这是某次房屋重新装潢时，在师傅粉刷墙壁的过程中想到的。

粉刷墙壁的时候，必须先打一层底，涂一道漆，再涂最后一道漆。这里有两个重点：每一过程中，就算只有薄薄一层，也必须刷完整面墙壁，而不是只有某一部分刷得特别仔细；必须先整体打底，再开始上漆。

工作也是一样，制作最终成果时，很难一下子做出涵盖所有细节、完成度高的作品。进行的方法有两种：一种是逐步完成各个部分；另一种则是像粉刷墙壁一样，先大约刷过一次，再深度加强，最后再完成粉刷墙壁的整个作业。我所采取的做法当然是第二种。

采用这样的做法时，各个会议中做出的成果都必须再追加几次作业，才能提供给客户。如果要制作那么多次最终无法使用的成果，不但花时间，也浪费纸。

所以，在初期我不要求每次会议都提交媲美完成品那么漂亮、美观的作品，手写可以，没有资料也可以，空着双手来也可以。要对外提交的漂亮成果，只要打了底之后，再仔细完成即可。

采用蝗虫型会议的话，经常会要求每次报告的时候都必须拿出看起来有模有样的作品。因为时间充足，所以忍不住花时间把自己要提交的成果做得更精致、美观，这样是不行的。

如果采取的是毛毛虫型会议，根本没有时间和心力追求这些细节。如果提出的报告基准偏斜，就当场修正。或在制作最后的成果时，再进行修正指示就可以了。“粉刷墙壁”原则，是一种不浪费自己和下属时间的工作习惯。

系统 9　试试看“岛田时间”

职场恩师教我的事

岛田隆是我任职于第二家管理顾问公司时的上司（目前担任某大型医疗外资企业的社长），而所谓的“岛田时间”，就是他为我规划，并以他的姓氏命名的一项提议。

“史上最强的士兵”和“史上最凶的指挥官”这两个称号也是他帮我取的。当时他给了我很多建议，为了让我成为独当一面的主管，他给了我“岛田时间”这个建议。

他给我的建议，简单来说就是一个星期一次、每次最少半天，坐在办公桌前什么都不做，只是冷静地思考目前工作的进度、接下来要怎么做、目前的问题是什么。

这个建议后来成了“山本系统工作术”中很重要的元素，也是我在之后的二十年间一直坚持的工作习惯。

如果最初的两个星期把自己当作小兵，之后再采用毛毛虫型会议的话，很容易就会把所有心思放在每天的例行事务上，而忽略了整体。如果因为这样就告诉自己“我今天做了好多工作，应该奖励自己一下”，觉得心满意足，那是不行的。

岛田告诉我，每个星期至少要花半天的时间仔细思考，并且俯视整个案子完成之后的模样。因此，我把这段时间命名为“岛田时间”，并且加进日程表里。

开始执行后我才知道，其实要把“岛田时间”变成一种习惯是很不简单的。第一个问题就是没有时间。即使特别抽出时间，也常会因为紧急事件而缩短了“岛田时间”。

等我好不容易挪出时间，又觉得如果不做点什么事情，就不像在工作，因而会忍不住摸摸计算机，或在纸上写些东西，完全无法集中精神在思考上。

只要想象，不要动手

岛田还建议我运用想象力，闭上眼睛，在不动手的状态下想象完成这个案子的最后一天，想象一下客户、上司听完我的提案后的模样，当然也要想象最终提案的内容。

想象并验证这样的内容是否合乎现实、这个提案是否真的能做到区别化、有没有办法实现，接着再拿这个想象和目前的作业进度比较一下，看有没有少了什么决定性的环节或数据。

经过不断的积累，假说逐渐成形、进化，再被验证。但若要做到双重确认，就得先把这些作业放在一边，从结论反推回来，思考整体。

团队工作需要每天进行绵密的管理，很多人经常会因为眼前的状况没有什么问题，就疏于检视是否有隐藏的大风险或遗漏掉的地方，就这样进行下去，最后演变成无法收拾的状态。

好不容易找到了好的管理方法，最后却急转直下，弄得每天加班到半夜，完全浪费了之前的努力。因此就算每个星期要投入半天这么大的资源，也务必要持续执行“岛田时间”。

相反地，有时候工作进行得很顺利，可能就不需要“岛田时间”了。这时，我还是会在日程表加入一段什么都不做的时间，当作“岛田时间”来使用。因为“岛田时间”不仅可以减少风险，还可以帮助你在工作时拥有自己的时间。我想，应该有很多人会说：“当主管那么忙，哪还有办法每个星期挤出半天的自由时间？”

到目前为止所介绍的思考术和工作习惯，都适合用在比日常例行事务更重要的工作上。学习这些工作术的最终目的，是稳定地提高工作质量，减少下属的压力，培育人才。除此之外，也是让身为主管的你不要蜡烛两头烧，拥有自己的时间来充实自己。

就算你现在觉得有困难，也要想办法立刻在你的日程表上空出一段“岛田时间”。只有这样，才能养成习惯。

系统 10　当场得出结论，速度就是一切

无法当场得出结论的会议是没有意义的

最后要讲的是关于工作的速度。

深思熟虑的做法当然也不是不好，踏踏实实地进行每一项工作是很重要的。不过，我这套系统追求的是实时、可以当场解决、速度重于一切的独特做法。

相反地，“之后再考虑”是工作上绝不能有的习惯。正因为和团队一起开会讨论，每一次都是共同度过这么短暂而

充实的时间，所以希望大家能发挥所有的实力，在每一次的会议中整理出结论，即使只是暂时的也没关系，这是主管的义务。

因为会议中汇集了语言和非语言的各种情报，没有情报不足的问题，可以在现场决定的条件一应俱全。

我想大家应该可以了解，所谓的“现场主义”，是要在当下的时间点留下足迹，以便继续向前。如果要等你回到自己的座位后再重新整理一遍，得出的结论可能会和下属之间产生落差，这也是为了预防这种情况发生。

希望大家养成当场下结论的习惯。“现场主义”就是，“即使无法做到完成度很高、很周全的程度，方向也一定要尽早确认”。因为这一点是主管最容易遇到的瓶颈，如果你迟了一小时才把方向告诉下属，团队就会有几小时的时间是处于大家没事做的状态，这一定要避免。

不要害怕事后失败的风险

当然，“现场主义”也有缺点。当你在事后仔细回想，或许会发现之前的结论其实是错的，这是一个风险。整个团队在这段时间都朝着错误的方向走，所以当然会浪费时间和精力。

但是，正因为有这样的压力，会让人在当下思考的时候更加仔细。

另一个缺点是，主管必须面对自己的错误，承担牺牲权威和自尊的风险。但我认为，工作时不应该抓着这种无谓的权威和自尊不放。

身为主管，如果你觉得维持现状即可，那就继续依靠权威活下去，把力气都花在保护自己上。既然生存在这个世界上，我还是希望大家在仅此一次的人生中能使尽全力，让自己成长，直到人生的最后一天，并期许自己是个不断成长的主管，赢得下属的尊敬。

因此，“现场主义”和“速度就是一切”的风险也就不那么令人在意了。

[第四章]

让下属动起来的关键管理法

1. 转移主导权，点燃下属的自主性

让下属产生意愿的方法

为了将下属带进工作里，为了能够灵活运用下属的能力，使团队贡献出高效率且高质量的工作成果，本书强调了系统工作术的必要性，也介绍了“山本系统工作术”的内容，并提供给各位打造属于自己的系统时的灵感。

因此，除了上一章介绍的可以和下属一起思考、创造成果的方法之外，“让下属动起来”的方法也非常重要，它可以让下属产生意愿，降低痛苦，在有安全感的状态下发挥120%的实力，并且在工作中获得成长。

在我实施“超级放牛吃草”的管理方式时，也会让能力好的下属照自己的方法做事，他们都保持着高昂的干劲，并不考虑我的想法，只是默默地做事。但是新进人员或能力有

待加强的下属，和我工作时似乎会累积非常大的压力。

身为主管的我一直放任他们不管，直到最后一刻才来干涉，说着“这样下去不行”，然后把工作接过来。站在下属的角度来看，难免会觉得“这段时间我到底做了些什么？”

让下属拥有工作的主导权

后来在“终极个人项目”的做法中，当我自己做了所有的工作时，下属看起来很满足，因为我给他们的指示非常详细而明确。

虽然自己一个人忙得快死了，下属看起来却是一脸幸福，并面露同情，用“好辛苦哦”的表情看着我，一边等待我的指示。工作的主导权完全落在我身上，下属对工作几乎感受不到主导权。

这样的状况完全是我的错误，因为我没有让下属拥有“这是我自己的工作，我要认真完成”的工作主导权，也没有周到的支持技巧以避免下属被击倒。

主管辛苦的地方，不仅在于如何让下属握有主导权这类的管理问题，也在于必须维护自己身为主管的尊严和保持团队高涨的士气。

保持主管的权威，不让下属瞧不起，这也是非常重要的课题。你必须营造一种状态，让自己赢得下属的尊敬，同时让下属愿意对你说真话，并且发挥工作主导权。

不幸的是，当时的我完全不具备这些管理的才能。

在被称为“最凶的主管”时期，每天我都觉得自己的情绪越来越低落，看待身边的人与事物也越来越严苛。上司不看好我，甚至有一些下属明摆着来挑衅我，想要维持自己的尊严实在非常困难。

当主管真的很辛苦，但是只要学会如何顺利渡过这些难关的技巧，担任主管也是成长最多的时期。现在回想起来，只要渡过了最大的危机，就是最大的成功。

而这个能于苦恼中解救主管的技巧，就是制定一个可以达到以下三个目标的系统。这三个目标分别是：

1. 让下属拥有工作的主导权，以及愿意对工作负责的心态。

2. 事先制定一套系统，在下属对主导权的意识提高后，降低他的精神压力，把工作失败的风险降到最低。一旦遇到问题时，可以立刻拯救下属，满足下属工作上的心理需求。

3. 让下属借由与我共事而获得成长。

如果能达成以上三个目标，下属就会认真工作。为了达到这些目标，就必须下点功夫研究“传达术”，研究如何让同样的信息听起来有不同的感觉。我自己有几个小技巧，可以让自己站在下属的立场思考，促使下属自动自发地采取行动，而这些也是“山本系统工作术”的重要元素。

元素1　坦诚以对的人心掌握术

迟迟未能升职的主管

当我还不懂得当主管的入门技巧时，最苦恼的就是不知道如何管理自己的自尊。虽然我是循着公司的组织架构获得晋升的，但比同期的同事晚了很久，因此心里非常自卑。

当然，我也被下属贴上“很久才获得晋升的主管”这样的标签，当时我动不动就想，如果这时在下属面前露出弱点，那可就糟了。

当时是“超级放牛吃草”时期，我不但不给下属任何指示，还会在部门会议中尽可能地批评下属，贬低下属的工作成果，就是为了防阻止自己的尊严瓦解。

到了“终极个人项目”时期，这种保卫自尊的意识仍然存在，而且因为这时候我打算一个人执行所有的业务，所以要求下属完全服从我的要求，如果不这样的话，工作便无法顺利进行。当时，我是借着下属的绝对服从来维护自己的尊严。

“等待指示族”不断出现的原因

“终极个人项目”时期，我遇到一个很大的问题，那就是没有一个下属对自己的工作有主导权，我把他们变成了一群“等待指示族”。

所谓的“等待指示族”，遇到自己稍微思考一下就能理解的事，也会马上要求主管下指示。就算自己察觉到征兆、觉得“好像怪怪的”，但如果我不指出错误的话，他们也不会主动提起。如果过了很久之后指出他的错误，他只会若无其事地回答：“是的，是有这样的问题。”

面对这样的下属，好几次我真想对他们大吼：“既然知道，就自己去处理啊！我哪顾得了这么多，光是现在的工作，我就做得快死了。”

但是，这并不是下属的责任，我是为了维护自己的尊严，才要求他们对我绝对服从的。

当然也有些下属并不是“等待指示族”，他们会推敲我的意思并自己行动，但这毕竟是少数。慢慢地，我就变得只和这些下属做事，形成了一个封闭的小团体。

很多能力很好的业务部长、分店长也都会感觉到相同的问题，这样的人都有某些特别杰出的能力，但是无法制定出一个系统，让下属对工作拥有主导权。

他们一开始采取“放牛吃草”的方式，并观察后续的状况，但是业绩迟迟无法提升，于是便开始了“个人项目”，开始一个人做事，进入详细给予指示的模式。不管下属做什么都看不顺眼，总是板着一张脸，有时下指令时还会大吼大叫，于是下属由于恐惧而彻底变成了“等待指示族”。我想，这样的悲剧存在于各个地方吧。

学会坦诚以对，改变我的主管生涯

后来我逐渐无法忍受这样的状况，为了让下属拥有工作主导权，于是从某个时期展开了消灭“等候指示族”的计划。

事实上，要求掌管工作现场的主管“让下属负责自己的工作”是非常困难的，只是好听的场面话。

如果不在乎业绩或工作质量降低的话，那么当然可以放手交给下属去做。但现实情况是，下属的人数已经比需要的人数少了，而且每个下属的能力又参差不齐，再加上人事或招聘策略的失误，业绩压力等全都算在主管头上，因此主管会大动肝火。以前的我也是一样。

最后我实行的方法，便是舍弃之前最重视的尊严。

请各位想象一下，一件全新案子开始的时候，或正逢业务的新年度，以前的我就算对这个案子或业务目标没有把握，也会说：“没问题，我一定会达成目标，大家打起精神，一起努力吧！”

其实，这样的话只是表达了自己希望受到下属尊重、崇拜的心情。

对于那些根本看不见答案的案子，以前的我还是会不断喃喃自语："这就是答案了。"然后不停地尝试，虽然心里一点把握也没有，但还要装出自信满满的样子，就是为了守住自己的尊严。

有一次我决定不再执着于尊严，于是明确表示："我也不知道这个案子的答案。"也就是坦诚以对，老实承认。

结果这句话改变了我的主管生涯。因为抛弃了无谓的尊严，我变得敢说真话。

接着我恳求下属的帮助，对他们说："面对这么严苛的课题，我一个人的力量是有限的。我想做出最高质量的成果和实绩，希望团队的每一个成员都能协助我。"我还记得下属听完我的这些话之后，每个人都露出惊讶的表情。

如果主管能坦白地说出真心话，下属也会用相同的态度响应。虽然也曾经因为突如其来的一句话，让我的自尊受伤，但是我忍住了。我想，如果这样的牺牲可以换来很好的工作成果，那么就无所谓了。

而我也感觉到周围的气氛似乎变得不一样了，我想那是因为下属也感觉到"或许主管已经放下了自尊"。

"或许他是诚心想和我们一起工作。"

如果只是这样，并不能让下属对工作拥有主导权而自发性地动起来，所以除了第一箭之外，还需要射出第二箭。

元素 2　要下属遵行之前，先让他们了解

独占情报只是主管的自我满足

一旦舍弃了尊严，就没有什么好怕的了，可以不断做出之前做不到的事。接下来，我就将自己知道和这个案子相关的事、不知道的事、自己的想法和苦恼，全部丢给下属。

对要维持既有的权力来说，这或许是最差的方法。因为对权力者来说，独占情报是最大的权力来源。光是手上握有许多下属不知道的信息，就是最大的武器。

像自己上司的喜好和性格、自己的类似经验、其他部门的成功经验、客户的情报等，只要不和下属分享，就比较容易守住自己的权威。

假设下属做了一份给客户的提案，内容还不错，但是如果照实给予称赞的话，就失去了自己的权威，因此会忍不住想运用这次机会来加强自己的权威。幸运的是，这个客户是很棘手的一个，而你正好非常清楚如何处理客户难应付的问题。

于是你便说："这样不行，这个客户那么棘手，你觉得这种写法客户会买账吗？抛开这些不说，你认真研究过客户吗？我年轻的时候，写提案书之前都会拼命地到处询问其他人的意见。"

因为你非常清楚客户的喜好，不必担心自己骂错而丢脸，

大可安心地就需要解决的课题谴责下属，使下属服从自己，接着再扩大到一般能力上，对着下属不停地说教：

“不要因为自己工作能力还不错就过于自信。你根本不知道工作的原点在于了解客户，你还欠缺掌握人心的能力，继续这样下去的话，怎么升得上去？你自己好好想想。”

说完这些，主管就满足了，成功地让自己的潜在对手（能力好的下属）成为自己驯养的动物，要杀要剐随你便。被训斥的人一点都开心不起来，但是说教的人因为自尊受到鼓舞而开心不已。

不再独占情报之后，下属开始改变了

我舍弃了这种借由独占情报来维持、强化自尊的做法，事先把所有知道的信息都告诉下属。像刚才的例子，我会告诉他们：“之前我曾经和这个客户发生过一点纠纷，面对这个人，这样的做法是不行的。我自己分析后发现，问题在于对方公司的组织架构。”

就像猜拳时比对方先出招一样，身为主管，如果有必须介入的地方，就主动先提出。

我记得大概就是从这时候起，下属的表情开始有了变化。

“刚才山本先生说的，这么解释对吗？”

“刚才的说明有些地方听不太懂。”

“我觉得山本先生刚刚说的和先前说过的话有点矛盾。”

如果下属提出这样的问题，就表示成功了。

因为这个“坦诚以对”和“公开情报”的策略，我的下属居然愿意在开会时开口说话了，而且大家也不吝于分享自己的背景知识，所以可以迅速收获高质量的成果和很好的成绩。

我想，这都是公开情报的功效，慢慢地下属会逐渐脱离“等待指示族”。这样一来，职场的气氛就越来越温馨了，接下来再射出第三支箭吧。

元素 3 “装作不知道”的开会术

主持部门会议的技巧

工作中最常和下属接触的场合，就是部门会议了。如果不能在会议场合让下属深刻体认到“这个案子是我的工作”这样的主导权，就无法继续进行下去。

上一章介绍“假说思考”时曾提到，不能在一开始就把所有的工作都丢给下属。如果是为期三个月的案子，前两个星期要把自己当作小兵，经常和下属一起或单独到现场查看情况，再汇总整理得出假说。

跑业务时也是一样，当我锁定一家公司，我会在一开始就带着下属经常往这家公司跑，然后订出和销售相关的必胜假说。这些动作都是在刚开始跑业务的时候集中进行的。

为了不搞砸工作，不错失任何一个销售的机会，主管必须率先拟订假说。当然，这个时期的工作主导权是在主管手上，主管就是整个案子的主导人。

而这个假说应该何时、如何交给下属呢？要如何将本来完全掌控在自己手上的案子交接给下属，让他们接下这份主导权呢？这是一个很大的课题。

在“终极个人项目”时期，我会在部门会议的时候把我的假说介绍给下属。我在下属的面前发表自己的假说和详细的执行计划，然后把工作分成几个部分，决定由谁负责哪些事情。我没有想太多，只是用这样的模式做事。

而在“超级放牛吃草”时期，我完全没有拟任何假说，在这样的状态下，都是由下属向我报告假说内容和执行计划，我只是搬出主管这个职位的威严来批评下属，就像评审委员一样。

这时，工作主导权在下属手上，如果可以用这样的模式顺利把事情做完，那就太开心了。事实上，到最后都进行得不顺利，我只好自己又把下属的工作接过来，于是下属便丧失了工作干劲。

在过去那个金字塔结构非常完美的时代，或许这样还可以顺利完成工作，但是那个时代已经一去不返，还一直追着这个模式跑也不是办法。

不要将自己的假说告诉下属

话题再拉回到如何将自己拟订的假说传递给下属。

传递的动作，从案子初期刚拟好假说、充满自信的时候就要开始。但就算已经完成了非常有把握的假说，我也不会如实告诉下属：“我已经拟好假说，知道怎么做了。”

也就是说，就算自己已经看到了答案，也要把答案藏起来。或许读者觉得这和“坦诚以对”的大方向，以及“舍弃尊严”“公开情报”的做法相互矛盾，其实我是故意这么做的。

当然，一些必须和所有人分享的情报我还是会告诉他们，但是我不会告诉下属：“我已经看到假说的方向了。”如果说出来的话，会怎么样呢？如果我不小心脱口而出：“我已经知道答案了，我的假说就是这样。”下属应该会露出从工作主导权中获得解放的愉快神情吧，但是最重要的工作主导权从此无法从我的手上脱掉。

在这样的情况下，我就无法和下属一起思考了。虽然我身为主管，但以小兵的立场工作，如果再说出自己的假说，下属当然就不会感觉到工作的主导权了。

但是如果你说：“我已经看到假说的方向了，但是不能告诉你们。”让下属干着急也很令人讨厌。站在下属的立场来看，你好像在试探他们，只会让人感觉到这个绝对权力者的骄傲。

所以，只剩下“什么都不说”这个选项了。如果你还不知道假说，就坦白地告诉大家“我不知道”；即使你已经知道假说，也要“假装不知道”。说得夸张一点，就是要懂得伪装。

“假装不知道”策略：部门会议篇

“假装不知道”策略可以一直延伸到讨论假说的部门会议中。

一件全新案子开始的时候，或正逢业务的新年度，必须召开部门会议和下属一起讨论假说，这时你必须“假装不知道有假说”来参加会议。以这种方式进行会议，可以提升讨论的质量，也可以听到很多自己想不到的想法，是非常有趣的。

结果我发现，我这个主管只是稍微“假装不知道”而已，就可以营造出一个一起思考、一起工作的环境。

讨论假说的会议开始了。我的脑子里已经有一个蛮确定的假说，也潦草地记在我的笔记本上，但我绝不会重新誊写一次。我只带着一本笔记本，几乎两手空空地进入会议室。

“好，现在开始讨论假说。A，你觉得怎么样？”我用这句话展开讨论并仔细聆听。为了使用文氏图法绑架下属的脑袋，我必须保持大脑高度运转，聆听 A 的意见。

“你刚才说得很有趣，可以告诉我为什么会这么想吗？不好意思，我有点不清楚。”在一场认真的会议里是没有职位、层级之分的，要营造出充分顾及每个成员的气氛，礼貌是不可少的。我会努力做到直率而有礼地发问。

当A发表意见的时候，我大脑中的文氏图开始运作，这非常有趣。假说开始进化了，我一个人默默地想着这些事。“那接下来是B，换你发表意见。”接着再竖起耳朵，全力思考……

听了一些意见后，开始整理讨论的内容。我把增加了下属的看法、更加进化的假说随意写在笔记本里，偷偷在心里想着：“这个路线很不错哦。”

“C，你觉得呢？”

但是，C的意见刚好跟我的假说是完全不同的方向。

“嗯，你为什么会这么想呢？”

C开始叙述。我感觉似乎需要进行一点引导来引起讨论。

“你的观察很敏锐，这个发现非常有意思。”

我不会说谎。如果为了迎合对方而说谎，迟早会被发现。

“我之前曾经有过类似的经验，那时候我们采取的方向和你说的有一点不同。”

如果下属了解主管的意见都是来自经验积累，就可以在不伤害自尊心的情况下改变想法。

“原来如此，你是这个意思。”

方向修正结束。

主持会议时，把假说藏在心里

所有人都发表了意见，接着就轮到我了。我不会向大家说明自己的假说，我会将自己所构思的最原始的假说一直封存在笔记本里（我的做法是，开会时随时带着自己的假说，但是把它藏在台面下）。

就这样讨论一阵后，我从容不迫地走到电子白板前，看一下刚才记的笔记。所有人都看到刚才他们发言的时候我都在做笔记，任何一个下属看到上司在自己发言时做笔记，都会非常开心。当然，我也会看一下之前写在笔记本上的假说。

“现在来总结一下刚才讨论的内容。A，请你帮我写在白板上。我想刚才大家说的，应该可以整合成这样吧。”

“首先可以用某主题来整合，写在左上角，小小的就好。接着要点有三项……”

重点是，不要自己写。这就像是一种仪式，告诉下属，接下来就是你们的工作了。

接着在 A 一边写的同时，一边说明：“C 的观察和左上方这第三点有关，B 的发现是正中央的这个，A 的思考逻辑则和右下方这点有关。综合大家的说法，应该是这样的吧。”

下属都非常惊讶，听到他们说“整理出来之后好清楚”，我就会回答“那是因为我的工作经验比你们多啊”。只有经验这一点，是下属承认自己比不过上司的，只要提到经验，就不会伤到他们的自尊心。

最后开始分配工作："我觉得这个假说还不错，那么 A，你就再继续探讨这个部分。B 就负责这项验证，如果验证的结果完全相反的话，就必须立刻修正假说，这个部分就交给你了。不管验证、反证的结果如何，随时都让我知道。C 就负责这部分的假说修正吧。"

如果事前没有设定好假说，可能就无法这样进行统筹了。总之，就是要在事前以小兵的心态工作，因为拥有自己很有把握的假说，主持会议便能游刃有余。

把工作主导权交到下属手上

最重要的工作主导权到哪里去了呢？主导权已经不在我的手上了。再怎么说，那都是汇集下属的意见后产生的假说，而且我还把自己的意见藏了起来，必须让下属感受到主导权才行。

没错，开会时随时带着自己的假说，但是把它藏在台面下，正是"假装不知道"会议术的重点。

这个做法有很多好处。有的时候也会发生每一个成员的发言都严重离题的状况，再这样下去整个案子都无法进行，这时候再把台面下的假说拿出来即可。因为已经避开了风险，便可以安心地聆听下属发言。

如果怎样都无法顺利统筹，就可以说：“这次的课题似乎比较困难，我自己也想了一阵子，那就请大家听听看我的假说，大家觉得怎么样？”这是特殊状况的特别处置，几乎不会用到这个方法。但如果事先准备好预备方案，带领下属时就能安心了。

元素 4　主管要伪装成整合者

绝对不能再把主导权接过来

“假装不知道”会议术是一套将自己当小兵时所拟订的假说让下属承接的方法，也就是将工作主导权这个球传到下属手上的技巧。

这时特别要避免直接把自己的主张丢给下属。虽然你在事前就有自己的想法，但不要先说出来。不过，也不能迟迟不亮牌。说到底，我们的目的其实是整合，就某个观点来看，身为主管的我这时候只称得上是“整合者”。

只要这么做就好，因为已经坦诚以对，在下属面前早已舍弃无谓的尊严，没有什么尊严需要死守不放。

只要主管彻底成为整合者，下属就不会觉得和你之间有很大的隔阂。因为我们要对方接住工作主导权这个球，所以就算被对方认为是整合者也无所谓，至少你空出来的时间会多很多。

当然，不是就这样放任下属不管。为了可以在前一章说明过的毛毛虫型会议中频繁而短时间地看到下属，必须召开Plan-Do-See的会议。接着再贯彻“现场主义”，当场归纳出结论，让工作迅速、扎实地进行。

召开毛毛虫型会议的时候，也一样不能直接下达指示或命令，而是应该从下属身上得到信息。如果方向没有问题的话，就再提出更好的建议，绝不能再把球接过来。

即使结果越来越差，也绝对不能接过球

问题在于，这一来一往中，下属的工作却不见起色。这种时候，大部分主管都会在不经意中又把工作抢回来，结果发现球再次回到自己手上。这就是我在“超级放牛吃草”时期犯得最多的错误。

一旦球回到自己手上，对主管或对下属来说都是件不幸的事。对主管来说，自己的工作变多了，而且为了消除与下属之间的信息落差，必须再从下属那边获得过去的状况和情报等信息，会浪费更多的时间。

而对下属来说，好不容易靠自己努力拿到了工作的主导权，咬牙拼到现在，工作却被收回，仿佛被打上“做不好”的烙印，得到了最差的评价。在主管下面做事还被贬低，什

么都学不到，简直是悲剧一场。

因此，主管绝不可以把球从下属手中拿回。案子结束之前，这个球都必须留在下属手上，一直持续到下属制作最终提案、提交报告书的时候。

所以，就算下属的成果不怎么样，提出建议时主管仍然必须彻底扮演整合者的角色。

“我觉得这个方向不太对，这个理由可能不够充分，你觉得呢？”

“我的确漏掉了这部分的检讨，这样一来就必须改变方针。”

“你觉得怎么做比较好呢？”

这就是利用前面所提到的文氏图法绑架下属的脑袋。

之后 A 便说明自己观察到的事实和思考逻辑，主管再根据这些内容提出自己的看法和建议。身为主管的你，脑袋必须快速运转，进行思考，知道该怎么回答之后，再引导下属：“我们先把刚才讨论的内容整理一下。”

接着再和进行“假装不知道”会议术的时候一样，由下属画出整合后的图像。主管只要伪装成整合者，整合下属和自己的想法即可。

总而言之，在下属面前彻底扮演整合者，就是不要将球接回去的一种技巧。

元素5 让讨论更热络的宣言法

会议中如果没有人发言，要怎样让讨论更热络？

为了让下属一直拿着这个球，必须让下属在会议上表达自己的看法，否则就没有意义。但是，要让下属在会议上发言，其实是很困难的。为了让下属表达自己的看法，也可以利用之前介绍过的方法。

即使如此，很多时候下属还是不愿意开口。站在下属的立场来看，很多人讨厌发言是担心主管对自己的评价会因此变差，或增加工作量。这个时候，就必须消除下属对发言的抗拒感。

很多下属都很想发言，也有很多话想说，但是担心开会时在主管面前一开口，就会惹来“这是什么愚蠢的发言”这种回应，而被一脚踢开。要是因此得到不好的评价该怎么办？所以干脆不说话了。因为很多主管喜欢挑下属的毛病，还会说出：“你怎么还在说这种话？你的想法太幼稚了，怎么都没有成长？”

不只是能力较差的下属，最近就连在公司里评价不错、能力好的下属，也开始在开会时选择沉默。尤其是能力好的下属，只要自己负责的工作进行顺利，就不会对别人的工作有太多意见。有时候就算是自己负责的工作，也只是默默地等待主管的指示。

我想原因就在于，没有人希望因为自己一句不经意的发言就被当作笨蛋，而拉低了自己在主管心中的评价。

这样实在太可惜了。评价本来的用意是希望下属能因此成长，却用错了方法。没有人可以贯彻完美主义，人有时候的确会因为不够周到而做出一些愚蠢的事，但不经意的一句话里也可能潜藏着智慧或灵感。

事实上，这种不合逻辑、突如其来的一句话，有时候就能为我们带来某些突破。但是团队的评价、考核制度，阻碍了这种跳跃式思考的表达机会。

因此，当你发现会议的气氛变得很奇怪，就宣布“搁置评价”吧。

“气氛很僵哦，我想听听大家的意见，不管你的发现是否有足够的证据，就算只是感想也无所谓，我想听听大家对这件事的意见。我向各位保证，在这个会议室里的发言不会影响大家的考核。如果会被考核的话，大家很难说真话吧。”

这个宣言就像规定禁猎区一样。搁置评价，能够鼓励下属在竞争激烈的职场中开口表达意见。当然，一旦发布这个宣言，就一定要遵守约定，这是必须的。

宣布暂停工作分配

还有一种大家不愿意发言的状况，就是不希望自找麻烦。

如果提出“这样做比较好”的建议，被采纳后自己的工作就变多了。为了不给自己找麻烦，就干脆不要说话。这个情况尤其容易发生在与执行例行性公务的人共事时。

这时候，主管应该清楚表达自己的想法：

“我希望大家都能针对如何提升目前的工作质量来发言。或许有人担心提案之后工作会变多，但是请大家相信我，我一定会公平分配工作。所以，希望大家可以忘记目前的工作分配，提出自己的意见。”

使用这个方法也必须记住，一旦毁约，之后就无法再用同样的方法了。

元素 6　连升五级策略

禁止负面发言

这里再举一个可以让下属开口的技巧。下属应该也会观察其他项目负责人的工作，并且有自己的想法，但是一到开会时间，却完全不愿意提出。

如果你以为下属的年纪比你轻、资历比你浅，所以什么想法都没有，那你就大错特错了。我自己也有过几次因为新进员工的一句话而改变假说的经验。他们看待事情的观点很有趣，往往出人意料。但这些想法如果无法在会议中提出来，对我们来说也是很伤脑筋的。

这时候不妨这么告诉下属："假设你现在可以连升五级，从现在的小职员升到董事。如果你身为必须为整个部门负责的董事，你会怎么做？"

不过有件事必须特别注意，否则会议的气氛会在一瞬间结冰。因为他只是一个小职员，一旦发言，就必须承担批评董事现在做法的风险，千万不能让下属以为自己的将来就会这样毁了。

所以还要再加上几句话："当然我不是要你们批评谁不对，或哪件事情做得不好，而是希望大家都能养成一种思考习惯，提出'如果这么做的话会更好'或'这部分还有很多改进的空间'这类正面的建议。"

当然如果有人提出了负面的发言，或就快要有这种感觉时，必须马上提出警告，就像裁判吹哨子一样："这样想就太负面了，我们要尽量正面一点。"

元素 7 "没办法""做不到"都是很消极的字眼

没人发表意见的议题也能再度掀起波澜

还有一点，如果你在会议中提出问题，请大家讨论"理想中的状态"，不管出现多么有趣的意见，一定还是会有人有“这怎么可能做得到”或“事实上这根本不成问题”这样的发言。

没有人能对此提出反驳，于是好不容易炒热的议题，就在一瞬间降到冰点，无法顺利进行下去。

遇到这样的状况，我一定会说：“‘没办法’‘做不到’都是很消极的字眼哦。”

“我们公司会遇到这种‘没办法’‘做不到’的难题，当然竞争对手也会有相同的感觉。要想赢得竞争，只有取得区别化。如果其他公司也说出同样的话，那么我们就必须思考‘如何才能做得到’，这就是区别化的武器。”

好几次都因为我这样的发言，大家又开始热烈地讨论。与会者是否全力思考是看得出来的。当大家的讨论遇到瓶颈时，请务必试试对下属这么说。

元素 8　用小学生也听得懂的话

禁用专业术语

另外一种会使大家闭口不愿意讨论的会议，就是夹杂着理解有点困难的经营用语或英文专业术语的会议。因为有些人无法理解这样的概念，却又不好意思开口问，所以只能沉默。

而且很多这样的概念用语都没有具体的意义，可以有各种解释，所以如果使用这种太过抽象的词汇，很多时候讨论起来就没有真实感。

很多主管经常会使用自己临阵磨枪学来的字眼，或在某些课程中听来的一知半解的词汇，这一点要特别注意。

我能理解主管想在下属面前耍威风的心情，但是如果为了保护自己的自尊和尊严而降低会议的质量，那简直是赔了夫人又折兵。所以，希望大家都可以用“小学生也能听得懂的话”来发表看法。

另外，有些情况下也可以选择装傻，比如：“你刚才说的，可以再具体而简单地解释一下吗？我懂得不多，不是很了解意思。”

元素 9　演出双重人格

在众人面前表现出超级乐观主义

前面介绍的是关于“传达”的方法，也就是让下属接过自己负责的工作这个球，并且愿意一直拿着球。因为我们期待下属可以把工作当作自己分内的事。

主管暗中握着主导权，而且随时维持活泼、热闹的会议气氛是不可或缺的。

于是，身为主管的你就必须善用文氏图法绑架下属的脑袋，不断思考新的事物。因为实行了“假装不知道”“扮演整合者”的策略，下属的球在开会讨论时慢慢膨胀变大，而且不会再丢回来。

为了让这样的状况持续下去，必须营造出开朗、愉快的会议气氛，这也是我一直努力做的事。

但只在开会时开朗也没用，因此在走进办公室之前，即使我本来表情是很阴沉的，或面有难色，只要踏进办公室，我也会尽量表现出心情振奋而开朗的样子。

和其他人共处一个空间时，我会提醒自己露出乐观、开朗的表情；在走廊上遇见下属，也会跟他们打招呼、开个小玩笑，一起谈笑风生。我希望营造出一个开朗的氛围。

营造出这样的氛围，下属可以轻松地和我交谈，那么开会时大家自然也会乐于表达意见。虽然我并不是那么乐观而开朗，但只要养成这样的习惯，不知不觉中，开朗的时候就变多了。

独处时是超级悲观主义

但只是超级乐观主义也不行。不管怎么说，你把很重要的工作交给了下属，而且没有办法亲自看到每一个工作的细节，何时、何处埋下了日后危机的种子，你也不会知道。

所以，独处的时候其实我会从超级悲观的角度来思考所有事务。在上一章介绍的“岛田时间”里，其实我的心理状态是超级悲观的，我总是思考着最坏的情况下会发生什么事。

或许是因为我的胆子本来就小，把工作分配给下属后就会担心得不得了，所以在毛毛虫型会议中如果得不到下属的响应，就会感到非常不安。

但是要想在工作上取得好的成果或业绩，悲观主义也是很重要的。我认为下属也有相同的感觉，即使开会时再开心，一回到座位上，应该也会像我一样担心最糟糕的状况吧。

因此，除了以上介绍的小技巧之外，主管还必须顾及下属在精神层面的安全感，满足下属的心理需求，这样下属才能发挥对工作的主导权，并获得成长，将一百分的成绩发挥到一百二十分，甚至一百五十分。

2. 鼓励下属挑战的风险管理术

不想失败，但又想冒险的矛盾

当我还负责一线工作时，最大的烦恼之一就是对抗不安的感觉，或许也可以说是失败恐惧症。如果不小心失败、成绩变差怎么办？万一我的失败还牵连到客户、主管和公司，给大家造成困扰的话该怎么办？我就是这样不停地与心里的不安对抗。

话虽如此，也不能永远只顾着回避风险吧。为了享受工作，为了提升自己的能力，一定要有某种程度的冒险，并承担风险，而且我自己也很想尝试新事物。

我想向风险挑战，想学习更多，但经常处于不想失败这种互相矛盾的状况。幸运的是，好几次我刚好就在这种时候遇到了很好的上司，这些上司还为我打造了更容易挑战风险的环境。

尤其是上司肯定我对工作所抱持很的强的主导权意识，会让我尽情地挑战。上司有时候会扩大我的工作范围，或是让我在重要的报告会上发言，也会认同我尝试各种新方法。

因为有过这些美好的回忆，加上自己身为主管的经验，我想了很多方法，可以在减少下属劳心劳力的状态下，鼓励下属挑战，而且最终不会破坏工作质量和业绩。

接下来就介绍几个鼓励下属挑战的山本风险管理技巧。站在确保下属安全感这点来看，这也可以说是一种满足下属心理需求的技术。

元素 10 “最少也有八十分”宣言

一起打造最棒的工作

假设你的工作和业务活动都进行得很顺利，不但依照计划顺利验证假说，也看到了实际成效，你就会希望下属能有更多的挑战，朝更高的目标迈进。

或者在你执行自己熟悉的主题任务时，知道失败的风险很小，只是在这样的状态下取得好成绩已经不能满足你了，你想挑战更高的质量、更好的业绩，想挑战新事物。但如果下属不具有和你相同的意志，是不可能实现的。

这时候就不能利用“假装不知道”或“扮演整合者”的方法，必须重新切换到“坦诚以对”模式，老实地将这个挑战的想法告诉下属。同时要告诉他们，可以安心工作，有什么万一的时候，身为主管的你会担起责任，完成工作。

“因为大家的努力，让我们看到了这个案子的雏形，目前的状况已经可以写出八十分的答案了。接下来就算只有我一个人执行这个案子，最差也可以拿到八十分。但这样就失去了和大家一起工作的意义，我想和大家一起合作，朝着更高的成绩迈进。一百分的答案也不能满足我，我希望可以朝着一百二十分、一百五十分努力。”

“最差也能拿到八十分，我身为主管一定负责达到合格的成绩，所以请大家放心。我希望大家可以放心去挑战，获得更好的成长。”

“我们团队应该借由这个案子的机会，创造最棒的成果，给客户带来附加值。这个案子将会成为大家人生中的骄傲，成为我们成长的食粮。”

借由这样的宣言，激励下属设定更高的目标。

元素 11　必胜加油法

将下属送上战场的方法

另外，要将下属送去单独面对客户时，我也会说一些话为他加油打气。而我之所以不跟着一起去，是因为对下属有把握，再怎么样他也不会在客户面前被击倒。

我会在下属离开公司之前，告诉他：一定要成功归来。这句话里也隐含着“你一定会打赢”“就算没办法打赢，我也会为你做些什么”的意思。

当下属回到公司后，我也一定会问：“怎么样？打赢了没有？”这个动作可以送出“我一直在关心你”的讯息，并且让下属知道，我已经准备好了承担最坏情况的风险。

这个小诀窍也是为了满足下属在精神层面的需求，让他愿意向更高的目标挑战。

元素 12　主管是二十四小时急诊室

全天候的纠纷调停人

即使做了这么多，可能还是会有风险浮现，各种问题、客户投诉、意外的失败总会突然发生。如果在问题发生的初期，我就知道相关的消息，那还可以选择应对方式。但是问题越大，就越难处理，也必须消耗更多的心力和能量来解决。

当然，我也会主动采取行动。这就是为什么我平日就召开毛毛虫型会议，借以创造与下属之间的接触机会。另外，在办公室里走来走去，观察下属的表情，也是规避风险的办法之一。

此外，当我有“危险”的预感时，也会不厌其烦地打电话、发信息给下属，以确认情况。即便如此，也经常会产生意料之外的问题。

问题产生时，下属会非常难过，因为责任在自己身上，所以很痛苦。除了必须采取补救措施之外，只要一想到会被主管臭骂一顿，就让人犹豫该不该向主管报告。

资历越深的主管，在处理问题时越可以提出更多的解决方法。因此，下属不需要心情太沉重，如果可以带着轻松的心情来找主管商量的话是最好的。如果下属在“感觉有点不安，不知道要不要紧”的时候就让主管知道，是最好的。为了让下属能够轻松地来找我商量，我采取了几个行动，那就是：

1. 在下属来找我商量时，绝不骂人。

2. 集中全力来解决问题。

3. 等到问题处理到某个阶段时，再来追究原因。

这些方法不能只靠语言传达，我是如何处理问题的，下属都看在眼里。如果不以行动表示，下属是不会了解的。下属要实际看到，当问题发生时，主管面对这种特殊状况会采取什么样的行动，他们才会相信。语言其实很虚无缥缈。

我一直希望自己在大家的心目中就像急诊室一样，当紧急伤员进入急诊室时，急救人员的反应是“不管这个人的伤是因为什么样的愚蠢行为造成的，也不会追究”“全神贯注于眼前的急救行为”“不追究和急救没有直接关系的原因”，以及最重要的“全力挽救生命”。

因此，一旦受了重伤，没有人会犹豫要不要进急诊室，这一点和我刚才提到的方针是一样的。

因为是急诊室，所以当然三百六十五天、二十四小时开放。当下属对问题感到奇怪的时候，无论如何都先问过主管。一定要确实让大家知道，三百六十五天、二十四小时你都很欢迎下属来找你。

元素 13 主管是纠纷、谢罪的负责人

“一切都是我的责任！”

即使如此，每当下属犯了错，还是会跑来找我，跟我说“对不起”“我真的很抱歉”。可以看出，当下他对自己的责任追究，已经分散了他处理眼前问题的气力。

在这样的状态下，下属无法将精力集中在处理问题上。如果再发生任何让人无法尽全力解决问题的紧急状况，就会变得无法挽救。

因此，为了稳定下属的情绪，我会先跟他这么说：“不用道歉，我身为主管，领的薪水比你高，就是因为我的工作包含了处理这样的问题。”

接下来只要确认问题不是出于下属的恶意、偷工减料或怠慢，就绝不追究责任。让下属担任重要的工作却疏于确认，应该受到指责的是我，并不是下属的责任。如果有需要的话，也会让下属知道这一点。

身为主管绝不能逃避，不能把下属推到前面当箭靶。让下属遭受失败是主管的责任，就算主管为此被追究责任而蒙受损失，也是没办法的事，是理所当然的。

如果主管没有这样的觉悟，下属便无法安心做事，而且无法敞开心扉在会议上发言，为公司做出贡献，无法对自己

的工作感受到充分的主导权，也无法挑战风险。

下属把一切都看在眼里，只要被你背叛过一次，他们就不会再相信你。

元素 14 标准上班时间管理术

加班是特殊状况

要想下属安心工作，还必须关心下属的个人生活。生活稳定，才会对工作抱持高度的主导权，才能开朗、积极、乐观地为公司做事。不需要太过详细地干涉下属的个人生活，但是关心他们的个人生活是很重要的。

主管不是下属的家族成员，没有权力干涉他的个人生活，做任何判断时都不应该把下属的个人生活列入考虑，这样做才合乎礼仪。具体来说，主管可以考虑的只有下属的时间安排。

刚升为主管的时候，我心里非常高兴，不过这其实是来自一种错觉，以为可以完全配合自己的个人生活来安排工作时间。在这之前，工作的行程表都是配合上司的时间，一旦摆脱这样的限制，就可以将自己的计划摆在第一位次，想到这一点就觉得好开心。

下属并没有抱怨。想想也是，主管手上握有自己的考核权，而且我的个人生活也不是他们可以抱怨的，但我想他们心里一定累积了许多不满。

因此，为了让下属将实力发挥到极致，应该优先考虑到下属个人生活的时间安排。关于这一点，我采取的是“标准上班时间管理术”。

也就是以普通上班族的生活为基本原则，上班时间为周一到周五，上午九点到下午五点，以这个时间为标准。

这么说或许有些人觉得我只是在画大饼。事实上，我的确也会让下属工作到很晚，有时候甚至会要求下属周末上班，再择日调休。

但因为我采取的是标准上班时间原则，所以加班或周末出勤都视为特殊状况。因为是特殊状况，也会充分考虑到下属方便与否，这样就比较容易找出一个可以同时满足工作、下属的个人生活和主管的个人生活的交点。

这完全不同于以“忙的时候加班是理所当然，周末出勤也是理所当然”为前提的做法，如果是以这样的前提进行工作，就会发生许多悲剧。

如果毫不犹豫、不做任何解释，就理所当然地剥夺了下属个人生活中的重要时间，下属会认为主管就是这样的人，而对你产生不信任。或许有些下属为此感到困扰，而向主管提出是否可以不要加班，主管却轻易判断这样的人对工作参与感太低。要知道，在这样的关系下是不可能维护良好的工作环境的。

因此，当工作超过标准上班时间，需要调整的时候，我会协调双方的日程表。在白板上写下日程表，对照工作的期限、检查的时间点、作业需要的时间等来进行调整。这时候，头衔的高低并不重要，讨论的时候还是以个人生活中的优先程度、重要程度为考虑基准。

好几次实施了这个方法之后，我目睹了下属展现出十足的干劲，开始以极高的效率工作，这是因为他们感受到主管对自己的重视以及平等的对待吧。

3. 培养下属乐观积极的向上心

元素 15　以相对的强项来一决胜负

所有的工作技能都是后天培养的

思考如何培养下属的技巧时，我都会想想自己本身。我了解自己是一个笨手笨脚的人，才华也有限，但就连我都成长，因此对我有帮助的成长术，对别人应该也会有帮助吧。

我的头脑不怎么好，应该算是普普通通。学生时代拼命念书，成绩也是一般。小时候，我的身体很差，在医院进进出出的，所以很不习惯和一群朋友打闹着玩。在人际关系上，我算是比较晚熟的。

开始接触管理后，我在最苦恼的三十五岁左右时，才开始有意识地学习如何与他人互动，实在是非常晚熟。

不管是什么样的技能，都可以在任何时候靠后天努力而学会。

当我三十岁那年转战外资管理顾问公司的时候，对经营可以说是一无所知，只在商学院里学过金融。我的人生可以说是在学习逐一克服自己弱点的过程中度过的。

其中最不擅长的管理，也是我在三十五岁左右时，不断尝试错误后，终于靠着自修学会的。接着，我再将学到的东西系统化，才能一再重复运用。

之后，我成了团队的领导者。现在我很喜欢管理的工作，虽然这曾是我最不擅长的项目。

我曾经对烦恼不已的下属这么说："看着优秀的同事，你或许感到很焦虑，或许觉得自己的才能不足。但是请相信我，工作上所需的技能都是靠后天，是可以学习的。实际上，一路走来，我也是一项项攻克了不擅长的项目。"

从相对的强项开始

把话题拉回如何培养下属。任何一个人，即使是新进员工，也有自己最擅长的绝技。就算相较于其他人或许不是那么强，但只要胜过自己所拥有的其他技能即可。

我培育下属的大原则就是——发现下属相对的强项，并协助他让这个强项更加突出。

所以即使这项绝技无法达到世界一流水平，我也不介意，只要下属在自己有信心、有兴趣的领域里能够发挥就可以了。

首先，我希望下属能在某一个领域中，意识到自己对整体工作是有贡献的，并且体验到自己也办得到的成功经验。再借由这个经验，让他对自己的工作能力更有信心，对工作抱持兴趣，提升对自己工作的主导权，并且引发他进而想要学习自己所没有的技能。

我自己也是一样。刚开始做管理顾问这份工作时，我对经营一无所知，但是很喜欢数字和分析。不管我多么擅长数字和分析，那也只是我具备的各种技能中最擅长的部分，只是我自己相对的强项罢了。

我大学读的是文学院，研究所读的是商学院。当时的同事很多都毕业于理工科的研究所，跟这些人相比，我的数字和分析技巧当然比不过他们。

但我仍以自己的强项来和其他人竞争，活跃于需要数字和分析能力的工作领域中。技能上所欠缺的部分，我就以工作时带着喜悦的心情和干劲来填补。我想，我就是靠着这一点，慢慢带动其他技能的提升。

直到可以靠自己的强项生存下去

在自己相对较强的领域中，下属会开始成长，保持工作干劲，并且开始对自己所负责的工作具有较高的主导权，对工作有所贡献。

假设他在那个领域里，还是有很多必须要加强的部分。在这样的情况下，你会如何指导下属？会建议他强化弱点，还是建议他针对擅长的部分不断成长？

我的答案是后者，我会先提升他的强项。

原因在于，我希望能够善用他的强项。只要在自己认为最擅长的领域集中火力，成长的速度会非常快。

接着我会期待他的强项能够成长到更高的水平，即使这个强项并不是太突出，也可以提升他在公司内部的评价。至少要能够在公司继续生存下去，因为这样就可以为将来学习新事物积累资本。

但是这样的培养也是有风险的，那就是停止成长的风险。如果下属可以只凭借自己擅长的领域生存，工作会越来越轻松，而且主管也能预知将会获得怎样的成果，所以慢慢地就只分配下属擅长的工作。

一旦工作过度集中于擅长的领域，不管是分配工作的人还是被指派工作的人，都很容易在不知不觉中选择轻松的做法，这就是风险。而且在擅长的领域，能力提升的幅度也会慢慢变小。每个人都必须在事前就想好如何应对这种“轻松的风险”。

最初的对策就是必须清楚地传达风险。

“你最擅长的是数字分析，但是写企划书和对客户提案的能力比较弱。”

说完这些话后，再强烈要求只想轻松度日的下属，必须开始学习不同的领域：

“以你的情况，就快要在自己擅长的领域里有一番作为了，慢慢地你会越来越得心应手，现在就是你能不能有所成长的分水岭。”

“如果现在不开始学习比较不专精的领域，你会失去提升自己的机会。当然，你也可以只靠强项生存，这样比较轻松，但人生就受到了限制。只靠强项生存是很轻松，一旦轻松就不想学习了。这样一来，你的格局就只能是这样。”

特定领域的高自尊风险

我认为应该有一个“在特定领域中具备压倒性强项的人，很难朝着全方位成长”的法则，事实上我也见过非常多这样的案例。

原因之一在于刚才说过的，会变得太轻松。另一个原因是自尊会阻碍他成长，使他无法针对弱点进行补救。

这也是一个大问题，如果下属在特定领域里一枝独秀，就会被各个部门争相拉拢。因为受到大家的赞赏，本人也会认知到自己在这个领域里是很优秀的，慢慢地，他的自尊心会越来越强。

在某个特定领域里表现很优秀、自尊心很强的人，如果要从头学习自己不擅长的领域，就必须先放下身段。但是这时自尊心很容易跑出来捣蛋，让他又逃回大家把他捧上天的擅长领域。

当他回到擅长的领域后，大家会来请他帮忙，仿佛看穿他的心事一样，于是更没有学习的时间了。过了几年，他会发现自己变成一个自尊高高在上，除了专业什么都不懂的人，而且大家只是把他当成可以随传随到的人。

所以，当下属已经差不多可以在擅长的领域独当一面之前，就应该指导他开始加强其他需要改进的领域。克服弱点也是以集中为原则，指导下属同一个时间内只能从事一个领域，以便善用集中力。

“集中”就是克服弱点的关键词

这时必须特别注意是否能运用集中力的优势，是否有过多建议的干扰。同一时间只专心做一件事，每个技能才能提升到临界点，才能稳健而切实地学会所有需要的技能。

但只有集中是不够的，身为主管的你必须从整体考虑，为他提出在需要改进的领域里应该注意的事项，并且提供如何克服（How）的建议。只有这么做，才能使下属成长。

最糟糕的是，把下属需要改进的地方列出来后，只对他说："你就努力加强吧！"对于克服缺点的顺序，经验丰富的主管应该有办法给予建议，提供协助，但是在这简短的一句话里看不到主管的任何建议。

也有一些建议乍看起来很不错，其实是很糟糕的，像"这些就是你必须改进的项目。关于A，我建议可以这样克服……B用这种方法……C的话，可以读这本书。请努力克服这些缺点。"

这么做确实是涵盖了部分"How"的做法，但这样的说法并没有给予下属关于如何分配时间资源的建议。在这样的状况下，如果下属接受了你的建议，着手去改进每一个项目，所花费的精力将会被分散。

在学习新事物时，重量不重质是很容易失败的做法，因为每一项都无法达到临界点，所以得不到成果。不管花了多少时间，也没有一样学得起来。

因此，这时给下属的建议应该是："如果要同时克服这三个项目，不管从时间限制还是效率来说，都不太可能。要不要先把精力集中在A？只要这方面改善了，你的工作质量整体就能提升，而且你也已经在进行改善了。"

也就是说，要从效果影响较大、容易着手的项目开始进行。记得要这样切实而具体地告知需要改进项目的优先级，并引导下属执行。

只要下属成长，自己就会轻松许多，从这个角度来看，培育下属对自己是有好处的。身为主管，最高兴的是看到一起共事的下属获得成长，自己的工作也一下子变得轻松的那一刻。

这个时候更可以直接对下属表达这样的心情：

“看到你的成长，我真的很高兴。现在我的工作轻松多了，希望你能持续成长，我会随时协助你的，因为我也想更轻松一点！”

元素 16　在最后一分钟放鸽子的策略

中途夺走挑战的机会是最糟糕的

现在我们假设下属已经顺利地获得成长了。如果下属把目标放在比自己实力更高的地方，而且富有挑战新事物的欲望和行动力的话，就可以稍微放手，但要注意他有没有掉进奇怪的陷阱、是否插手不符合自己实力的挑战、是不是莫名地变得傲慢。

有些下属的问题是虽然有实力，却不愿意挑战。在我看来，就算没有主管陪着，有些下属也具有可以自己面对客户的实力，但他会要求主管陪同，甚至以此为前提在做事，这样的下属很令人伤脑筋。

和主管一起行动的确比较轻松。即使搞不定客户，主管也可以马上支援他。有主管陪同，只要扮演好自己被赋予的角色就好，又落得轻松，再加上可以获得稳定而良好的成绩，所以就不想挑战。

任何人都会有害怕失败和风险的情绪，其实只要放胆撂下狠话，说“我一个人去！”，这样就可以了。但是任何人都没办法这么轻易就做出这种判断，因为每个人都想要避免在客户那边开会时无法掌控全场的风险。

假设有个下属说出了“我一个人去！”，但是在前一天主管和他讨论要带去的数据时，发现数据做得不够完备，主管觉得不妥，于是告诉他：“明天我还是和你一起去好了。”

这样是最糟糕的，因为你剥夺了下属想要一个人去闯的主导权和想要挑战的机会。

下属也会因为感到不安而不知所措，听到主管一起去都会很高兴，结果下属对主管的依赖就一直延续下去。开完会后，虽然下属会拍拍胸口，安心地想说“幸好一切都很顺利”，但是潜意识里还是会因为无法一个人去开会而感到失落。

临出门前放他鸽子

那么应该怎么做才好？建议你以和下属一起找客户为前

提，帮下属检查他的工作进度，如果你觉得“这样应该没问题”，就告诉他“你一个人去没问题的！”，然后送他出公司。没错，你只要“放鸽子”就可以了。

这时下属会很慌，脑袋里不断想着“我要怎么跟客户讨论？”或“如果客户发问或提出要求怎么办？”于是，会把握时间，一直准备到临出门为止。下属就在这个时候得到成长。

如果下属如你所愿，一个人去开会，也进行得很顺利，他就会产生自信。而且因为主管到出门前都一直盯着他，所以失败的概率也很低。

不过有的时候还是会失败，一旦发生这样的情况，主管要等下属回来，问他：“怎么样？赢了吗？”

假设下属一脸搞砸的表情，或报告自己失败了，就要马上切换到急诊室模式，协助他解决问题。这样的风险是存在的，但是我想把风险降到最低。风险浮现于表面，不管对客户、主管还是下属来说，都不是好事。

因此，面对的是怎样的客户，要在什么样的会议上给下属放鸽子，什么时候放鸽子，都是很重要的因素。当然不能选择那些看不到主管前来就会生气的客户，而要选择万一失败的话，只要打一个电话过去就可以解决的对象。

会议的类型也必须是刚开始由主管负责，但其实只要主管陪同，几乎都是由下属在掌控的那种。而且判断放鸽子的时间点也越晚越好。

元素 17　提出“无仁义之战”

擅长切换表情的下属

事实上，比起能力有待加强的下属，能力很好的下属反而更难处理。能力好的下属在不同的情况下会有截然不同的表情，一种是野心家的表情，一种则是小憩片刻的表情。

能力好的下属表现出野心家的表情，就是还想要继续成长，这时候下属会把主管视为对手。而对主管来说，这样的下属也是最大的劲敌。在下一项“割让领土的策略”里会详细说明要怎样与这样的下属相处。

在这里，我想说的是好不容易获得成长、有了能力，却在工作上提不起劲的下属。

没有人会觉得他继续这样下去不行，就连他自己和主管都这么认为。因为大家都知道，他是靠之前的努力才有现在的成绩。

但是这次的案子，他似乎打算只拿出八成的力气来完成，虽然没有偷工减料，但目前也不想面对更大的挑战，只是想着：“这次就放松一点吧。”

在这样的状态下，如果他有特定的理由，可以不必多加干预。可能是他的疲劳累积太多、精力即将耗尽，正在休息复原中，或正值必须在个人生活上花很多时间的时期。

可怕的是，如果这个振作的开关一直没有打开，就这样浪费了一段时间后，下属的成长就真的停止了。难得下属这么有才华，万一满足于现况，认为“维持现况就好”的话，那就太浪费了。

难道就没有办法让下属燃起斗志吗？

就算你带他去喝一杯，想帮助他振作一下，你也可能有所顾虑，而他非常镇定，不失冷静，完全无隙可乘。这下真是伤脑筋了，本来带他去喝一杯是打算趁机训他一顿的，但弄得骂不出口，反而在自己顾虑过多的状况下结束聚会。

以认真模式来一决胜负

为了帮助这样的下属切换到认真模式，似乎只有动摇他心中的安全感这个方法了。

话说回来，可以进入休息模式的前提条件本来就是“以八成的力气就可以执行工作”这种安全感。

如果是这样的话，就必须从外部出其不意地刺激他的安全感。这时候说教是没有用的，这里介绍几种我自己试用过、效果很好的方法供大家参考。

那就是开启认真模式来和这种能力好的下属竞争。

首先，把最难的工作交给这些能力好的下属。对能力好的下属来说，即使是困难的工作，也可以拿到大约八十分，而且还只用了八成的力气。

对主管来说，这样就有点伤脑筋。就算困难的工作，我们也希望下属能把目标定在一百分、一百二十分，甚至一百五十分，所以当然希望下属能用尽百分之百的力气。因此，面对这样的下属，我都会亲自跳下来挑战他们，不过这么说的意思并不是直接向他们下战书。

前面的章节里曾经说过，在一开始把自己当作小兵来拟订假说的阶段，主管应该和下属站在同一战线，一起向前冲。不过遇到这样的下属时，就更要加强“小兵”模式。

以八成力气工作、能力好的下属，起步通常会很缓慢。这时主管就要跑在前面，吃掉他应该负责的工作，打前锋抢走他的工作。需要听取的意见也是很快就完成了，当然假说也是自己抢先做好。

或许读者会觉得，这么做的话下属不就失去主导权了吗？

请大家不必担心，能力好的下属绝对不会放掉工作的主导权，因为一旦交出主导权，就好像一口气放掉自己的安全感一样，他们会在最后关头猛追着把工作抢回去。

“再这样下去恐怕不太妙，虽然工作的成果应该会不错，但是成功的光环会被主管抢走，我就无法做出贡献，得到大家称赞。我自己设定的‘轻松，但可以拿到还不错的分数’这个大前提可能就因此瓦解。”

我就是要营造出这种气氛。

但是，记住要在开朗的气氛下宣示这场“无仁义之战”，可以对下属说：“这次的案子很有挑战性，我也会一起做。我们来比赛吧，看谁会赢。”重点就在于要开朗，而且要让对方感觉到自己好像真的受到威胁。

如果你与他的竞争太过认真，当然会引发对方激烈的不满情绪，这样一来就无法解决问题了。必须以轻松的口吻，像是邀请对方玩一场游戏的气氛来发起战争。“他好像不是认真的，但主管如果认真起来就不妙了。”——如果可以让下属这么想的话，就完全正中目标。记得，一旦点燃对方的火，就要马上撤退。

元素 18　割让领土的策略

如果能力好的下属向你挑战，该怎么办？

在本章一开始的“坦诚以对的人心掌握术”中，提到我放下身段、不卖弄主管职务这件事。

要放下自己的身段是很困难的，处理与下属的关系时常常就是因为受限于身段，而做出一些不好的事。

先前提到，当能力好的下属露出“野心家的表情”时，他是没有问题的，可以放任不管，让他继续前进，把事情做好即可。但是，这种具有野心的下属，会试着抢夺主管的工作。如果主管心里没底，不知道要如何守住自己的尊严的话，就会做出不适当的处置。

能力好的下属是你最大的敌人，但是你不能在这里和他竞争。如果实力能够抗衡的话，下属一样会抢走主管工作的一部分。这时，只要尽量把工作分给下属就行了。

那么，是不是可以把全部工作都交给下属，自己像是一切与我无关似的，说声“一切交给你了”，然后就先下班了呢？当然不行。因为能力好的下属是你的对手，说不定哪天就趁机取代你了。

“我根本不需要主管，因为所有的工作都是我做的。”下属的脸上清楚地写着这样的情绪。如此一来，主管根本忍不下这口气，这对自己的尊严来说是一大挑战。其他下属是怎么看的？上司是怎么看的？只要想到这些就令人不安。

于是，糟糕的主管就开始挑剔能力好的下属，就像故意找碴儿一样，这么做非常不好。而且，主管应该没有精力把时间浪费在这种无谓的争斗上。

主管也不能杀了这种切换到野心家模式的下属，如果为了一点鸡毛蒜皮的小事就趁机勒索下属，说不定他就真的辞职了，甚至可能会鼓起勇气向上司投诉，再也不想和你共事了。

放下身段，尽力做好只有你做得到的工作

那么到底应该怎么办呢？你不断地把自己的工作分给能力好的下属，就像割让自己的领土一样，但真正改变了的其实是主管。

这个时候，正是主管可以成长两倍、三倍的时候。首先应该想到的是，有了这个能力好的下属，自己的时间变多了，因此应该趁着这个时间，站在比目前这个位置高一两级的位子，重新审视目前手上的工作。

如果能力好的下属来侵占主管的工作领土，就让给他吧。你只要站在上司的立场思考即可。

主管的时间永远不够用，所以若你的下属有所贡献，让你有了多余的时间，就应该趁机多充实自己，并且大胆挑战新的工作，再用超越主管的立场给予下属建议。

如果太过维护自己的尊严，就会把最重要的精力花费在部门争斗上，这么做一点意义也没有，应该把时间花在跨越自己的领土向外扩展上。

一旦养成这种习惯，就会希望有更多自己的时间来追求成长。

不妨对下属这么说："谢谢你，多亏了你的帮忙，我的工作量才得以减少，终于能和潜在客户的社长去喝一杯了，我很久以前就想和他见面了。"

或者“因为有你，我才多出了一些时间可以去听听和这次工作相关的外部专家有什么意见。我已经和他约好时间了，如果有什么有趣的发现，我会马上和你分享”。

也就是说，要去做一些下属做不到的事情。这样的工作不但对主管自己的成长有帮助，也可以为提升团队的工作质量带来正面的影响。有时间的话，就多尝试其他的新工作吧，这样的话，下属看待主管的神情也会改变。

元素 19　以正面态度给予评价

当众给予坏评价，会令人伤痕累累

大家都知道教育下属最重要的时机，是考核评价和针对下属的表现提出意见的时候，特别是针对下属的表现提出意见的时候。这也是以往不断四处碰钉子的我的实际体验。

在过去的经验里，最让我沮丧的就是当众受到评价。当然，如果得到的是好的评价，心情会很好；但是，如果当众听到自己不好的评价，那真的非常痛苦。或许是我太脆弱，但是我的自尊真的会在那一瞬间变得伤痕累累。

当然，我知道上司当着大家的面给我不好的评价，并非出于恶意，他应该只是想给我当头棒喝罢了。

但是我之所以不喜欢这样的评价，是因为顾及其他同事，甚至是后辈、下属的眼光。心脏不怎么强大的我如果当众听到不好的评价，之后再和同事、后辈、下属见面时会很尴尬，我会忍不住想“他们一定很瞧不起我”，因而情绪低落。

其实当自己得到不好的评价时，应该立即采取行动，改正自己的缺点才对。但是在改正自己的缺点之前，我会因在乎别人的眼光而意志动摇。

不过，我曾经遇到一个上司，他对待我的方法和其他人完全不同。这个上司给的评价非常公正，好的时候就说好，不好的时候就说不好，奖惩十分清楚。

他虽然会在大家的面前称赞我，但绝不会当众给我不好的评价。他会在事情发生时对我说“山本，过来一下”，把我叫到办公室，然后针对我有待加强的地方、做错的地方给予指导。

他担任我的上司的时候，是我成长最多的时期，因为他总是能够驱使我在第一时间做出改进。

让我印象特别深刻的，还有一个指导下属时绝不会用负面语气的上司。他总是非常正面地指出我的弱点，声音非常有精神，话里还穿插着玩笑话，把我当成自己的朋友或家人一样。

这对我来说也是非常震撼的体验，因此我决定之后给予下属评价时都要遵循下面的几项大原则。

密室主义和正面态度

首先，尽可能在两人独处时进行，有时候也当众给予正面的评价。尤其是努力程度超乎我的预期，或创造出令众人惊讶的好成绩时，我会在会议时不着痕迹地称赞他们，也会表达我的感谢之意。

如果是不好的评价，我绝不会当着其他人的面对他说。当众给予不好的评价，或许会让某些人发愤图强，但也有些人没无接受。

对于这种需要有人给予当头棒喝的下属，我会把他叫进密室里，把我的想法传达给他。而对于当众接受差评会情绪低落的下属，尽量不要让他因为一些无谓的杂音而烦恼。有时间烦恼的话，不如让他尽快拟订改正缺点的计划并加以实行，这样对我、对工作，甚至对他本人都比较好。

另一个我特别留意的，是给予评价时的语气，我尽量要求自己用开朗、乐观的语气给予下属评价。这一点同样是基于希望借由评价而使下属获得成长的强烈愿望。

一旦做法错误，现场的气氛就会变得很尴尬。主管给下属意见的当下，正处于名副其实的绝对权力者状态，或许有些下属会强烈抗拒主管的意见或评价，但大部分人还是会默默接受。

相信任何人都会担心，会不会惹恼负责给自己打分数的上司。既然如此，为了能够以平常心来讨论，主管必须努力让下属知道自己并非绝对权力者，而最简单的方法就是表现出开朗、正面的样子。

之前也说过，我的性格并非天生就这么开朗，而是为了风险管理，尽可能地表现出开朗的样子。给予下属评价的时候也一样，我会努力营造出开朗、便于沟通的气氛。

称赞不能只是开场白

这也是我自己的经验。所谓的评价，大致上是由优点、缺点、综合评价这三部分组成，而大多数时候是从优点开始说起。

但是对接受评价的人来说，很容易会有这样的情绪："又来了，开场白的时候说一堆我的优点，反正他想说的是有待改进的地方吧。他说了这么多称赞我的话，还不是为了等一下要狠狠揪出我的缺点。"

我想很多人都有相同的感觉。为了把这种负面的情绪降到最低，我会尽量在开朗、亲近的气氛下给予下属评价。

我还会特别注意遣词用字，优点的部分就直接说"优点"，但绝对不说"缺点"，取而代之的是"改进点"这样的说法。而且不会一一列举出优缺点，而是说"如果可以加强这个部分的话，那就更好了"，或"你的优点在于这方面，这部分可以再精进些，而那个部分则要再加强，若这个部分如果也改善的话，整体就更棒了”这样的说法。

建议改进的方法非常重要

如果依照先说明优点和改进点，接着提出综合评价这样的流程，会漏掉一个非常重要的部分——既然提出了改进点，就必须指导他在实际中该如何改进。

在我的经验中，对于主管给我的评语，最让我印象深刻而且可以马上回想起来的，并不是优点或缺点，这只会让我觉得“他了解我吗？不可能”。主管对我的评语都像隔靴搔痒一样，无法产生共鸣，所以我一点都不记得评语的内容了。

但是我清楚地记得“如果你试试这么做，一定会更有发展”这类的话，上一章介绍的“岛田时间”就是典型。或许是因为潜意识里会想：“我才不在乎什么评价，只要我能够成长，就算是不好的评价也可以盖过。我真正想要的，是改进的方法。”

所以，我会把评价的重点放在改进的方法上：“这部分如果可以这样做，就会很顺利。为了改进这个部分，我会协助你。”也就是说，我进行评价的目的不在于评价这个人，而在于帮助他成长。

只要在考核评价时抓住以下三个重点，就能提供给下属最好的建议：

1. 为了有所改善，下属必须做的事情。

2. 为了帮助下属改善，身为主管的我应该做的事。

3. 为了达到这个目的，如何利用公司的资源？

给予建议时，如果能同时符合这三点是最好的。

“为了改善这个部分，希望你能在这个领域多学习。我推荐你从看 ×× 书开始，这本书曾经让我学到很多，希望你也能看一下。除此之外，我们可以一个月安排一到两次，由我定期给你一些建议和指导。公司里有一些研习会还是蛮不错的，你也可以报名。另外，隔壁部门的良子小姐用很快的速度解决了这个问题，你可以去请教她，我会先跟她打声招呼。”

我认为，这样的做法是最理想的。

最后再提醒一次，前述内容中也曾经提过，如果需要改进的地方有很多，别忘了，也要针对执行上的优先次序给予建议。

[第五章]

让系统顺利运转的主管行动准则

1．当下属真正成为伙伴的那一瞬间

只要改变行动，心态就会跟着改变

最后我想再与大家分享一下，为了与下属持续打造绝佳的成果和业绩，主管应该具备什么样的心态。

对我来说，改变心态自始至终都是一个很难的课题。我努力过很多次，试着改变心态，试着喜欢他人，但还是没有成功。

于是，我舍弃了直接改变心态的方式，不断钻研可以延伸到行为的技术和技巧。每当我使用这些技巧来改变自己的行动时，就能感受到响应，并为自己小小的进步感到欣喜若狂。

有趣的是，我在感受这些响应的同时，慢慢地也感觉到自己的心态改变了。所以这里所介绍的心态，并非改变我的原动力，并不是因为心态改变了，我才有所改变。

其实是因为行动改变了，心态才慢慢跟了上来。而为了加速心态的改变所采取的行动，让我建立了这套系统。

最后一章里，我将为各位介绍改变心态的追加行动技巧，加上前面第三章、第四章，就完成了“山本系统工作术”的体系，这可以说是最后的收尾。

行动 1　让下属认同你是他的伙伴

“先改变心态”这种想法是完全行不通的

“以自我为中心、自我意识强烈、任性恣意、只要自己好就好了”——这些是我为管理所苦时，大家对我的评语。也就是说，当时，我总认为自己最棒，是个利己主义的人。

虽然当时大家这样说我，但我不会因此受到伤害，因为我对自己太了解了，我知道自己心里就是这样想的。随着我的管理方式进入最凶主管的状态，开始不愿意听到别人这样说我。

之后我多次试着想要改变这样的心态，我看书、倾听别人的意见，试着从宗教、历史、传记等书籍中找到解决的灵感，有一阵子完全沉溺于相关书籍中。

但是我的心态完全没有改变，只要有人对我说“舍弃自我吧，要无私”，那个晚上我就会非常有感触。如果有人建议我：“每天都要抱持着美好的善念”，我就会完全这么想，然后下定决心："好，就从明天开始实行！"于是满怀期待地就寝。

但这些誓言总是在第二天上班的途中就消失无踪，电车里满满的挤得都是人，我就在快要动怒之前，心里默念着："要无私、要无私……"到了公司后，就算心里已经冒出了暴躁的种子，也会努力念着："无私、无私……"希望能转换心情。

到了傍晚，我的情绪也到了紧绷的极限，我在心里尖叫着："我忍不下去了，根本一点效果也没有！"于是，我将"无私"这个名词束之高阁。在这一瞬间，我会想："那我昨晚领悟到的那些誓言到底算什么？"

我的心态完全没有因为"改变心态吧"这样的决心而改变。我采取的做法，是先改变行动。事后回想起来，才发现心态已经慢慢改变。

现在回过头看，我的心态确实改变了，但绝不是因为被那些堂皇又崇高的想法所感动、折服而改变。我认为，人无法达到如此完美的境界。

在我努力提高工作的完成度时

以我自己为例，最初驱使我工作的动力是一股自私的负面情绪。从刚换工作开始，我就有一个很强烈的想法，希望自己的工作能做到最高水平。但那是为了赢得竞争，只是为了在都市丛林里胜出，才设定了这样的目标。

一开始工作时，我根本没有“想要让客户更好、对社会做出贡献”这种崇高的理想，有的只是自卑感、不想认输的好胜心。这些情绪成了我的动机，让我有了“做好工作”的行动。

于是，我开始花很大的力气，致力于提升工作的质量。虽然过程很痛苦，但是我尽力去做，成果也不断地积累，从某个时候开始，我突然觉得工作变快乐了。也因此，我一个人埋头苦干的做事方法，才能进化成可以不断创造工作成果的系统工作术。

没想到，我原本的负面情绪居然转化成“乐在其中”的正面情绪，从此，我便爱上了这个工作。

我原本的计划是，先在管理顾问界待两三年，努力学习以前所不知道的管理知识和技巧，然后再次华丽地转换跑道，专注于朝着经营者的目标迈进。

但是工作一旦变得轻松，当初的计划就不知消失到哪里去了，在脑袋里连一点残渣也不剩。接着，我就在这个行业里待了二十年，再也离不开了。

爱上工作后所获得的东西

结果我喜欢上了管理顾问这个工作，虽然还不到因热衷而熟练的程度，但也取得了一些成果。慢慢地，把工作做好成了我生存的意义。对当时的我来说，“(只凭借自己的能力就能完成的）管理顾问的工作”是非常重要的。

一旦喜欢上工作，曾经做过的事看起来就像是自己创作的可爱作品。只要想起做得不错的案子，心里就会很开心。而且开始觉得，如果是为了自己喜欢的工作，就算拼命也无所谓。

有时候甚至不要求报酬或代价，只要工作进行得顺利，就不在乎自己得到怎样的待遇。

但是我在“史上最强的士兵”时期，无法把感情放在下属或客户身上。

在第二章里也提过，转机并不是来自我的内心，而是从外部得到的。我因为喜欢工作，就拼命地工作。如果这个工作进行得顺利，对客户来说是很好的加分机会，于是享受工作成果的是我的客户。

在这个时期，出现了一些客户很欣赏有如荒野一只狼般热爱工作的我，我自己也很惊讶。他们让我懂得，只要喜欢自己的工作，就可以为客户带来幸福。

只要喜欢客户，就会疼爱下属吗?

“我要努力让客户得到幸福，斗志都燃烧起来了！”于是我把对工作的那份情感转移到了客户身上。从这时开始，一切都很自然地动了起来。获得越多客户的感谢之后，“想要得到更多客户的称赞”的心情越强烈。

把事情做好，受到客户的称赞，就会感到开心，于是我把目标转移到获得客户的感谢上。对于欠缺良好人际关系，也未曾努力提升人际关系而且自私自利的我来说，这可以说是第一次意识到他人存在的瞬间。

但是我自己也知道，当时，我根本没有立场对别人说教：“要爱你的客户，这就是成功的关键。”

老实说，一直到现在，我的内心深处还是会感觉到以自我为中心、最爱自己的情绪，这一点我不否认。遇到不顺利的时候，负面情绪仍是我前进的动力，这种情形以后应该还是会持续下去。

有趣的是，当我得到客户感谢的频率变高，那种自恋的情绪就慢慢被埋到内心的更深处。这都来自我将自己个人的工作系统化，所以这样的感觉才能一直持续，可以不断让我拥有正面的情绪。

读到这里，或许很多读者会想：“你是因为喜欢客户，所以就自然变得疼爱下属吗？”但事情并不是那么如人所愿。

第二章里只是简单提到了这种心态的转换。事实上，这时候我的注意力只停留在客户身上，喜欢他人的心理并没有更多的发展。这也是我为了管理下属而伤透脑筋的原因，仿佛有道墙挡在我面前一般。

“下属就是伙伴”这种想法太天真了

对下属来说，我曾经是最凶的主管，但我并非刻意对他们怀有恶意。即使是这个时期，我也是抱持着“下属是伙伴”的一贯心态。在公司里顺利获得升迁的父亲是这样教我的，而且前辈也都把我当自己人，对我多加照顾，从他们身上我也有如此的感受。

但我还是成了最凶的主管。另一方面，我也一直把下属当成伙伴，当时我确实是认为：“下属是伙伴，所以继续当最凶的主管也无所谓。”我并不觉得这样有什么不好。

那我为什么会对伙伴有这么过分的行为呢？简单用一句话来说就是，我的想法太天真了。就算我这么对待他们，脑袋里也还是存在着一种很强烈的想法，认为：“下属绝对是了解我的，因为我确实是把他们视为自己人。”其实这只是我的自以为是。

再也没有比这种想法更天真的了。冷静想想，没有一个下属想跟我共进退，有时候我甚至是他们想除之而后快的敌人，就算他们把我视为眼中钉也不过分。

当时，我完全不顾下属的想法和状况，自以为他们是伙伴，对下属“超级放牛吃草”，最后还抢走他们的工作；而且我一点也无法理解下属会因此而受伤，这简直就是一场闹剧。

我擅自把下属当作伙伴，因为是伙伴，所以会耍无赖，不会为对方着想，而且还一直觉得对下属耍无赖没关系。现在回想起来，这简直是超级自以为是。

但是工作一直不顺利，我完全无法善用下属的能力。无能主管的恶评排山倒海而来，自己在体力上、精力上也达到极限。唯一剩下的办法，就只有行动了。

系统开始运作后，下属才感到开心并获得成长

在我以善用下属为目的而开始的“终极个人项目”时期，第一次听到下属称赞我是好主管，我很高兴。得到称赞当然非常高兴，而看到下属终于可以从容地工作、露出安心的表情，我更高兴。

之前也曾经提到，因为到了这个时候还无法培养下属，所以我才研发这套系统。研发作业非常繁杂，但是运用一个个的小技巧就可以看到下属开心的表情和专注于自己工作的态度，还能得到好的结果和业绩，这真的很令人开心。

或许是错觉吧，我开始感觉到下属成为真正的伙伴，下属表现出来的态度也让我觉得，他们就是我的战友，和我之前自以为是地将下属当作伙伴完全不同。

下属自己动起来、做出好的成绩、获得成长，并且由衷地感到快乐，看着这样的下属，我感到高兴，并对下属产生了盟友的情感。有生以来第一次从下属那里感受到一种美好

的气氛，我感动不已。

这时我开始觉得，自己仗着上司的身份，要求下属给我面子，要求下属绝对服从，夸耀自己的能力，因为胜过下属而要求下属尊敬我，这些行为实在太无聊。

所以就算我心中已经有答案，也不会硬塞给下属。我不隐瞒周边信息，还会主动告知。若下属有好的地方，就算只有一点点，我也会和他共享（利用文氏图法绑架对方的脑袋），并且更希望看到下属们都能无忧无虑地成长。

下属的感谢，让我有了真正的盟友情感

说了这么多，但我绝不会说“要改变你的心态，要爱你的下属，对下属的爱是主管的根本”，不会用这些话来要求主管调整心态。当我因为不知如何改善与下属的关系而烦恼时，对于像我这种过了这么久仍还有许多改进空间的常人来说，励志的这种场面话一点帮助也没有。

一切只能靠行动。或许有人会觉得这样的说法很无趣，但是为了做好工作来赢得客户的欢心，就必须让共同作业者——也就是下属——带着愉快的心情工作。面对下属，不能抱有天真的想法，必须站在下属的立场，思考怎么做才能达到这个目的，并加以实行。

这种单纯为了达到目的的行动，追根究底来看，为了尽可

能提升下属的满意度，身为主管的我就必须舍弃自尊心，调整下属的工作时间和效率，即使牺牲自己，也要当下属强而有力的后盾。也就是说，必须在某种程度上有舍弃自我的决心。

这么说并不是要大家当一个牺牲自我的圣人。为了做好工作而牺牲自我，其实是很世俗的想法。这么想并没有错，只要针对目的采取行动。

而这个针对目的所采取的行动，只要执行得够彻底，一定会为你带来回馈。我自己就收到很多回馈。当下属对我表达感谢之意时，我真的非常高兴。只要自己的努力能够反映在工作成果上，我就十分满足了，没想到还会有额外的回馈。

只有行动可以改变心态，我从自己和下属的亲身体验中，深刻地感受并确认了这一点。

在这之后，为了提升与下属之间的盟友意识，除了之前介绍的方法之外，我还发现了几项主管应有的行动，并加以系统化，以下向各位简单说明。

行动 2　让下属述说自己的历史

如何提升与下属之间的盟友意识?

第三章里已经说明怎样以文氏图法绑架下属的脑袋，以及将下属脑袋里的思考空间和主管的思考空间加以重叠的重要性。这个做法不局限于检验具体的工作事项方面，也可以用在提升与下属之间的盟友意识上。

当我想和这个下属建立良好的关系时，就会找适当的时机点，将这个下属的历史追根究底地问个清楚，从出生地、家庭环境、小学，到学历、在怎样的背景下从事这份工作、工作时遇到的课题、人生的目标、个人兴趣、关心的事物等。简单来说，就是让他叙述自己的历史。

为什么要问他的历史，而且不能只是脑袋放空听过就算了？要知道听的过程中我也一直在动脑，思考如何用我的语言和思考逻辑来了解这个下属。

我认为这样的行动表现出我对下属的关心。如果有人特别关心自己，相信任何人都会对他产生好感吧？我自己也有很多这样的经验，会对关心自己的人抱持正面的情感。所以我认为这样的行动，可以说是关爱下属的前奏。

知道了下属关心的是什么，就可以利用文氏图法来创造他与自己的联结点。此外，像出生地、求学时代有某些共通点，或是有相同的烦恼或兴趣，在这些具体事项上也可以找到很多联结点。只要找到这些共通点，就会觉得下属特别有亲切感，我想下属也会有相同的感觉。

但也不能只是找到共通点就喜不自禁，这样就太肤浅了。让下属述说自己的历史，最终目的在于了解下属在工作、人生中关心的领域或课题。或许下属不会说出真心话，这也没关系，只要能拟出第一次的假说就可以了。

不会一次就成功，必须分多次进行

借由这样的动作，例如知道了下属对于某个特定的技能感到自卑，就可以找机会给予相关建议。在和下属一起工作的时候，进行这项建议会特别有效果。

也就是说，我思考的是，有没有什么方法可以通过下属与工作或与身为主管的我之间的关联性，达成让下属自己成长的目的。也可以说，是将工作和下属真正想做的事情进行整合。

不过，要求下属述说自己的历史，也牵涉到下属的隐私这个敏感问题。如果让下属感觉上司借由自己的权势来探察，甚至是干涉个人隐私的话，就不好了，会让人有滥用权力的感觉。

所以我并不会第一次见面就让对方述说自己的历史，必须先得到对方的信任，让对方知道自己是会照顾下属的主管，关心下属的成长，不会强迫下属讲不想讲的隐私话题，也不会把他说的话泄露出去。

我会通过态度和行为将这样的想法表现出来，慢慢等到下属自己想说的时候，再好好聆听。并不是一次就全部问完，而是像“粉刷墙壁”一样，一点点地问，再拼凑起来，以了解下属的全貌。

行动 3　宣示三个目标

主管要带头发表宣言

这是一位前辈之前教我的小诀窍。

项目开始和新年度开始都是非常重要的时机，也是大声宣示团队目标的时期。这个时候除了团队的目标之外，也可以宣告个人的目标来缩短与下属之间的距离。

所谓的工作，就是对一件事的贡献，因为达成了某种贡献而获得报酬。想象成应该对客户有什么贡献的话，会比较容易理解，所以首先要思考：

“我希望借由这个工作，对客户有什么样的贡献。”

接下来当然就要宣示贡献的主体，也就是我们的团队目标了，例如：

“希望以团队的力量，通过这个工作达成超额完成任务的目标。”

这些都是很常见的做法。最后，要进行第三个宣示，也就是以团队成员的身份来宣示自己的目标。

主管必须带头进行宣示，因为下属自己已经在心里想过一遍了，之后不再询问下属也无所谓。强行要求下属进行宣示的主管可以说是愚蠢到了极点。要尽可能自然地营造出让下属主动宣示个人目标的气氛，绝不可以勉强。

行动 4　主管是下属尊严的守护者

不能当众训斥下属

能够维护下属尊严的人是谁？只有身为主管的我才做得到，这一点是我个人的体验。

我曾经在许多上司的手下工作。其中有一个主管给我的建议，到现在我都还清楚地记得，并且心存感激，因为这个主管随时都守护着我的尊严。

只有不会当众训斥我或指出我的弱点、不口出恶言、不表现出不耐烦的主管，才是真正教导我的主管。

这样的说法或许不完全正确，即使不是这样的主管，也会给我许多值得省思的建议。如果要我一个个地仔细回想的话，还是想得出这样的主管的。

但是，即使不同的主管给我一样的建议，也只有愿意顾及我的尊严的主管所说的话，才会一直留在我的心里。我不是一个坚强的人，常常对自己没有信心，所以老是在逞强，为了不让自己陷入低潮，总是会特别留意不让自尊受损。

所以如果有人当众指出我的弱点，我本能的自我防卫的意识就会增强，当下只会想着如何自我保护。

第四章中也曾经提过，有位与我共事、教我最多的上司，每当我搞砸工作时，他就会露出严厉的表情，但他绝不会当众指责我的缺点，也不会痛骂我的不是，而是在会议结束后，把我叫到办公室里深切地训话。

在这样的上司面前，我不会想太多无谓的事情，因此可以坦率地反省，并思考改进方法。有时候甚至会强烈地感觉到不妙，发现自己之前都在偷懒，一走出办公室便跑回自己的座位，重新埋头于工作中。

行动 5　称赞，可以让人发挥实力

要真心地称赞，说谎马上会被拆穿

当着大家的面，我会在称赞上特别用心，但是我绝不说谎或刻意讨好。事实上，称赞是一门很深的学问，如果只是嘴上胡乱吹捧，被捧的人或许感觉很好，但是其他下属只会觉得没意思。

如果经常让下属处在这样的环境中，下属会越来越不想受到称赞。“反正那只是表面话，我早就看透他了。”要是让下属产生这样的感觉，那就糟了，只会让下属看不起。

那么到底该怎么做才好？首先最重要的，就是在会议进行时努力找出下属的优点。第四章里也介绍过，可以找出这个人相对的优点，再针对他有把握的部分仔细聆听。

只要利用之前介绍过的文氏图法，就会发现下属的发言是有帮助的，会带给你有趣的发现，这就是非常重要的贡献。但是对下属来说，他并不会知道自己做出了什么贡献。

所以你要把这些想法告诉他："多亏有你，给了我这些有趣的想法和灵感，只靠我一个人的话，是想不到的，谢谢你。"这些是真心话，只要直接把所想的告诉对方就好了，没有人听到称赞会不高兴的。

行动6　把勋章通通送出去

工作进展顺利时，态度非常重要

我认为主管应该包容下属所有的一切，也就是说，绝不能持续让下属陷于挨批与失败的状态。要与下属建立盟友意识，这或许就是最重要的行动原则。

如果下属是出于恶意的话，当然又另当别论。如果你们都很认真地做事，营业额却始终无法提升，而你们的努力客户都看在眼里，你的上司也知道这件事，这个时候绝不能让下属担起责任。

如果下属必须负责的话，那么身为主管的你便一无长处了。再说，这个责任根本就在你，因为你无法掌握下属的实力，工作分配错误，疏于风险管理，下属失败后也不进行指导。

另一个关键是，在工作进展顺利时，或许有人会颁发勋章给身为主管的你，也就是受到上司和客户的称赞，这时绝不可以表现出“因为我是优秀的主管，才让一切进展得很顺利”的态度。

身为主管，你的工作就是要让下属的能力发挥到120%、150%，能做到这一点，才算完成你的职责。

在我的系统工作术中，工作这个球一直都在下属的手上，所以应该获得称赞的，是手上拿着球、辛苦工作的下属才对。如果你紧握着工作这个球不放，那么就让人称赞你这个小兵吧，但这等于承认自己是个无能的主管。

吹嘘自己功劳的主管是不成熟的

简单来说，“被称赞都是下属的功劳，被责骂是自己的责任”，只要把这两句话当作行动原则即可。一些可能会被归功于自己的事情，都尽量让给下属。

或许有人不愿意把这么好的事情让给别人。

其实就连我自己也曾经在工作表现不好的时候，把下属的功劳说得好像自己的一样。但事后就觉得很不舒服，担心哪天会被看破，不安到了极点。

虽然还不到“老天有眼”的地步，但这么做总觉得自己像逃犯一样。这样一来，不但会影响到下一个案子的成果，也绝对会使你的评价变差，让下属变得不想工作。从长期来看，吃亏的都是你。

相反地，只要采取“把勋章通通送出去”的原则，下属就会在下一个案子里更卖力地工作，而你也可以继续提升工作的成绩。

这样你应该知道孰重孰轻了吧？你不认为从中长期来看，把勋章通通送出去赢面绝对比较大吗？

2. 积极向前进的人，绝对有人跟随

行动 7　你所做的一切，下属都看在眼里

下属不会跟着“恶人”

你所做的一切，下属都看在眼里。我也一样被大家盯着，有没有说谎、有没有拍马屁、有没有唬人、是不是起歹念……只要稍微有这种感觉，下属就会马上失去对上司的信任。

这也难免，自己拼命地追随主管，当然希望跟的是值得尊敬的人，可以从中学习到许多，不只是工作，还想学习这个人的品德。

当你已经运用系统工作术掌握了下属的心，感受到对下属的盟友意识后，下属也会感觉到，于是便产生了良好的相互关系。

一旦知道自己原本以为是超棒的主管、以为一定可以向其学到很多的主管，事实上是这么恶劣的人，下属可能表面上继续装作服从你的样子，背地里却想反抗你。

或许是我自己的误解，我也会在认为“这个上司太糟了、心太坏了”的那一瞬间，把之前对这个人的仰慕和尊敬全抛诸脑后。

不可思议的是，从那一刻起，就算在工作层面上，我也会开始用先入为主的眼光看他。我就曾经有过这样的经验，即使上司之后变得能力再强，我也无法再有服从他的念头。

这正可作为反面教材。不管一个人有多么厉害，大家会因为他的权势而攀附他，事实上就连拍他的马屁，也只是表面上做做样子罢了。我可不希望自己的人生变成这样。

道德、社会规范层面也一样，如果不走正道，下属是不会跟随你的，就连你打造的系统工作术也会变得一点效果也没有。一旦下属不信任你，就不可能认真听你说话。

但是部门主管的人生经验毕竟还少，就连我也还有待加强，既非圣人君子，也无法摆脱凡人的庸俗。

反省自己，我无法也不会告诉大家要成为全方位的善人、完美的君子，或纯洁无瑕的人。

但是暂时撇开个人生活不管，至少在工作上千万别做出会让下属质疑的事情。因为部下只是装作没看见而已，事实上他们看得一清二楚，而且随时都在思考要不要继续跟随这个主管。

只要说清楚，灰色地带也可以接受

如果这个社会黑白、善恶分明，问题就简单多了，但是现实中的商业行为充满了灰色地带。因此，更要尽力做好正确的事，否则便会在不知不觉中走上错误的道路。

话虽如此，但灰色地带就是灰色地带。我们可以选择接近白色的灰色地带，但再怎么说也还是灰色地带。我们必须仔细对下属说明，为什么这样的灰色地带是被允许的，为什么必须做出这种灰色地带的判断。只要说得清楚，你就可以更靠近白色。

实际上很多人都疏于做这样的说明，认为主管对下属而言是绝对权力者，只要对下属说“跟着我走”，并不需要多做说明。再加上下属也是在同一个团队里吃同一锅饭的人，所以便天真地以为“不用说明，他们也懂吧”，而懒得多说。

我也曾经几次犯过这样的错误。下属会用自己的道理来解释遇到的不愉快状况，而且确实也由于主管的做法并非完全正派，因此就算下属以偏概全地看待主管的行动和决策也不奇怪。

若不好好说明的话，即使主管采取的行动是合乎常理的、没有道德上的瑕疵，下属也有可能在背地里把主管塑造成大恶人的形象。

只要经过说明，下属就能轻易了解这样的灰色地带其实是接近白色的；但若疏于说明，下属便不再信任你，不喜欢和你共事，并且认为这是在做坏事，因而工作时心不甘情不愿，心中充满了罪恶感。

做任何事时，心中有一把尺是很重要的。当不得已而处于灰色地带时，必须挺起胸膛，对下属说明决定采用灰色地带的原因，这正是“走正道”的具体行动。

行动 8　以持续成长为目标

不要因空闲而发慌

上一章“割让领土的策略”中，我建议大家把主管的工作交给能力好的下属。这样一来，自己落得轻松、下属高兴的同时，自己也可以得到成长。虽然大家都知道这么做很好，但事实上很难实行。

如果自己的工作量过大的话，当然会毫不犹豫地割让领土。但问题就在于，领土割让出去之后，自己会变得太闲。空闲使人发慌，因为这等于否定了自我——自己闲得没事做，案子却一样可以进行，因而觉得自己一点都不重要。

空闲真的很恐怖，因为眼前的事实正说明自己没有存在的必要性。有些主管可以很潇洒地早点下班，但或许是我没有信心吧，总觉得空闲让人不安。

虽然心里会想着既然有空闲就早点回家，但是因为心里极度不安，人在家里也无法休息。朋友都劝我找个可以投入的兴趣，来达到自我成长的目的，但这个方法也不行，精神根本无法集中。

做些下属做不到的事

在上一章里也提到，我就在这时拟订了全新的系统来改善自己的心态，并采取行动。结论非常简单，就只是做些下属做不到的事。

例如，去拜访比目前的客户位子更高的人，一起用餐，种下将来工作的种子。

我不太把时间花在开发公司内部的人脉上，而是将时间花在打造外部的人脉网络上。如果我锁定了一个人，就算以后可能不会在工作上有来往，也会花时间日夜相处，和他分享目前手上的课题，请他提出有趣的观点。

就这样在不知不觉中积累了许多人脉。当我接到新案子进行最初的假说时，一个人无论如何也没有灵感，便狂给这些人打电话。好几次只因这个动作，就顺利地拟好了假说。

后来下属也慢慢地开始依赖我了，“山本先生，我想请教广告界的人，可以找到相关的人提供意见吗？”

“可以啊，我有朋友在这个业界。”本来我的个性封闭，只对自己负责的工作和客户感兴趣，现在兴趣也开始向外拓展了。

那时我常和公司以外的人去喝一杯，有趣的朋友越来越多，也借由这些朋友开发更多新客户，这实在很有意思。而且我从这些人身上可以学到很多，这些知识和智慧也都可以运用在与下属的工作上。

同时我也开始学习，四十岁后才开始认真学习。为了完成我的系统工作术，也曾经研读各个领域的书籍。

四十岁开始的学习，内容跨越自己负责的业务未来发展、今后的经营方向、我所属的管理顾问的方向、未来趋势、新事业领域的可能性等多个层面。我也在这个时候晋升为公司合伙人，这些学习也对自己身为合伙人的工作有所帮助。

虽然有了合伙人这个头衔，但我仍然喜欢以主管身份到现场去到处看看，对于主管有了空闲之后该怎么办这个问题，随时都能找到让自己认同的答案。

从事让自己持续成长的活动

最后的结论是，必须向更抽象、超越“做些下属做不到的事”的事情挑战。这么说可能太流于表面了，但是我更清楚地确认了自己追求的就是“让自己持续成长”。

所以，选择什么主题都没关系。虽然我在业界的资历越来越深，也进入了中高年龄层，但不管是不知道的事、不懂的事、新的事或有趣的事，只要是对自己成长有帮助的，我都想尝试看看。

即使到了现在，我每天都还在摸索让时间空出来的方法，因为我知道世界上还有很多有趣的事物可以学习，让自己成长。

我还做了很多事情，例如，将自己的经营观点整理成文章，并且有计划地增加在业界杂志发表的次数。我以前就很关心这类报道，而且会抽空多少写一些，但一直等到系统工作术确立之后，才开始认真做这件事。

这些经验让我逐渐培养出写作的新技能，就如我在前言中所提到的，我曾经出版过几本书。这些经验也成为可以和下属分享的新题材。

出版社的编辑为我进行了相关的写作训练，也仔细指导我写前言的用意和写后记的目的，因此我懂得如何指导下属做出一篇报道或论文。此外，我接到的一些报道、论文约稿，也会和下属一起发表。在我们共事的领域中，这些不同于一般的体验也明显地改变了我和下属的视野。

慢慢地，我开始定期和下属举办研习会，除了日常的工作之外，也开始参与演讲、投稿、出版等事务。协助我从事这些活动的下属，看得出他们都非常愿意在这上面花时间，不仅如此，还能感觉到他们的能力又提升了。

我不禁心想："就是这样！"我努力追求成长的样子，下属都看在眼里。我想，自己真正应该传达的，就是这种求知的态度吧。所以，从那时候开始，我就大胆地拟定各种看似疯狂的目标。我像堂吉诃德一般，也会尝试面对自己不熟悉的事物。

我相信，这么做让我的下属和团队都获得了成长，眼光不再只是往内看，而是拓展到外部，带来了新的观点和外部的刺激。

每当我接触到这样的刺激时，都深刻体验到"我的修行还不够"，接着再继续学习新的领域。为了自我成长，需要让"持续自我成长"的心态不断萌芽。

总之，就是要学习

话虽如此，我仍要强调，改变心态是很困难的。我自己也是到了最近才发现，"持续自我成长"应该就是人生永远的课题。以前我还在以主管身份四处奔走于现场的时候，并没有想过这件事。

比心态更重要的是行动。当时我的行动原则只有一个——

学习。学习新事物，学习以新的视角看待旧事物……总之就是不能疏于学习，否则一切就完了。这个想法深深地刻在我的心里，让我提醒自己无论如何都要保持学习的心态。

后来我才发现，这正是代表自己对无限成长的挑战，而这么做也能让下属跟着动起来。

立刻采取行动吧，请大家不断在心中反刍："我现在正在学习什么？这一年来我学到了什么？"

我不想听到"我现在很忙"这种借口。很忙→没有时间→无法学习→无法自我成长→下属不会尊重这样的自己→无法成为可以活用下属120%能力的主管→就越来越忙，这是一个恶性循环。

现在就立刻和这样的自己决裂吧，和只看得见眼前的自己说再见。如此一来，每天都可以获得成长，就算只有一毫米也好。请拿起书本，立刻开始学习的行动。只要有了开始，系统工作术就会为你的工作效率带来戏剧性的改变，你会有更多的时间。

绝不能浪费这些多出来的时间，这是要用在学习、自我成长上的时间。自己成长→获得下属的尊重→提升团队的成果→越来越游刃有余→有更多的时间学习→获得更大的成长。于是，便开始好的循环。

行动9　每天以笑容面对下属

和阴沉的主管相处是很痛苦的

在这里我想再次强调，主管应该具有乐观的态度。阴沉的心境会让你看起来显得阴郁，也会让人怀疑是不是真的发生了不好的事情。阴沉的主管是不及格的。

当你有了下属，或与他人共事时担任领导者，一定要随时面带开朗的表情，否则没有人愿意追随你。

很久以前我有个主管，总是带着抑郁而阴沉的神情。我非常讨厌看到他，实在不想看到他那张脸，甚至无法忍受和他待在同一间办公室，所以总是想尽办法在公司里走来走去，尽量不要让他进入我的视线。

你喜欢和阴沉的主管沟通吗？应该只会觉得痛苦吧。让人感觉抑郁的阴沉感是最糟的，在沟通的瞬间便会感受到一种沉重而痛苦的气氛，就像发生了令人不愉快的事情一样。接着会产生一种不舒服的感觉，好像自己被人瞧不起、不受重视，仿佛自己只是他手下的一枚棋子。

就算不那么阴郁，我也不喜欢身上带着阴沉气息的主管，就是不想跟这样的主管说话。

在第三章里，我一直强调密集的会议可以让下属对自己的工作产生主导权，是风险管理的必要条件，也就是毛毛虫型的时间管理术。那么，你愿意以毛毛虫型的开会频率来面对阴沉的主管吗？应该很不喜欢吧。如果最重要的下属不愿意接近你，主管是不可能做好繁重的管理工作的。

只要采取开朗的行动，性格也会逐渐变得开朗

我们要活得开朗、正面，但是性格很难改变，既然如此，那就从行动开始。没错，只要采取行动就行了。

之前也曾经提过，以前的我比较晚熟、比较消极，应该也算是阴沉的人。一直到开始工作之后，我的个性仍然没有改变。记得刚进公司时，当时的分店长还曾经对大家说："七成新人都很活泼，只有山本不行，那家伙太阴沉了。"

留学回国后，我决定改变自己的行动。或许是因为对自己有信心了，我开始刻意改变，决定以后都要活得很快乐，这样的反差也许是因为留学时代实在过得太阴沉、太寂寞而又太痛苦了。

但我并非天生开朗，所以每天早上都要告诉自己："今天也要过得很开心、很快乐！"并随时留意是否保持着笑容。所以刚开始时其实都是在假笑，但这样也无所谓。

换工作后，我也贯彻相同的方针。我欠缺实力已经是不争的事实，既然无所遁形，我就决定表现出一副轻松的样子。

有趣的是，就算是装出来的，只要我们表现得开朗，身边的人也会变得开朗。反过来讲，看到别人开朗的样子，自己也会很开心，然后又变得更开朗。慢慢地，当我和志趣相投的人在一起时，就真的成了一个开朗的人。

现在我也经常提醒自己一定要在工作时保持开朗状态，而自己也感觉得到，开朗的时候似乎变多了。相信很多人对我的印象都是如此。

但是我在独处的时候就会变得阴沉，一句话也不说，缩在自己的壳里一个人烦恼，似乎这才是我真正的个性，总之就是很闷。不过整体来说，这样的时候已经比过去少多了。

行动会改变心态。就算不自然也无所谓，就算是刻意的也无所谓，大家不妨试着这样对待下属，我想一定会获得很直接的回报的。这样一来，自己也会更有自信。

然后就能开开心心地工作了。如果将这称为享乐主义，或许大家不会赞成。但我们在工作上花最多的时间，如果不能开心地工作，人生就太无趣了。尽情地享受吧，这是毋庸置疑的。当你表现得开朗的时候，心情就会变好，应该也会很高兴见到下属。

行动 10　如果觉得累了，就放慢脚步

创业时的异常紧张

这里我想再提醒大家一个有关心态的重要事项。

我收到一些读者的反应，得知很多人看了我的著作后，都会觉得我时时刻刻都在拼命地工作，有人问我："你都是在什么时候喘口气的？"

我当然也是会休息的，而在工作的时候就拼命工作，书里所传达出来的，似乎很自然地强调拼命工作的部分。事实上，集中和松弛是交错的，也就是说，拼命工作的同时，也交错着彻底放空、发呆的时候。

身体疲倦，自然会想休息，这个时候我就什么也不做，上床睡觉。身体的疲倦还容易控制，而当心累了的时候，睡觉时心也无法休息，即使静静地躺在被窝里，也会感觉心里不安，甚至觉得心跳越来越快。

如同前面所讲，我在留学期间，因为长时间处于高度紧张的状态，弄得身心俱疲，有段时间身体状况糟透了。之后便运用这个经验，学习如何不让心太劳累。

说来丢脸，我在 2009 年离开公司自己创业时，也有过好几次心理上觉得很疲倦的时候。我想是因为心里有不安与孤独吧，一点点小事就能让我觉得沮丧，感到极度不安。虽

然身体很累，却怎么也睡不着，总觉得心里似乎有隐患，正伺机而动。

我试了很多方法想改善这种状况。我曾经试过以冥想的方式来消除心理的疲倦，也有段时间找到一个可以让我彻底集中精神的兴趣，但还是应付不来。

因为我只是一介凡夫俗子，尚未能抵达顿悟的境界，因此没办法完全解决心的问题。不过，我还是会继续运用暂时忘掉工作，以达到休息的做法。

偶尔放慢脚步

因此，以前我就会开始运用一个做法，那就是放慢脚步。这个方法非常有效，只要彻底放慢平常走路的速度，晃晃悠悠地走即可，放松肩膀的力量，看着眼前的景物，就会感觉自己生存的空间已有了调整。

接着，你会感觉到自己的心情变得舒缓。当我未独自创业还在公司上班的时候，会在出差时这样缓步走路。去国外出差的前后两段时间排出空当，在当地的街道上漫无目的地散步。我不去观光景点，只是在饭店附近或公园里发呆。当时我都是这么做的。

现在我成为企业经营者，时刻都处于必须考虑工作的状态，我才发现了这个全新的做法——只要有三十分钟的空闲，就出去走一走。

我想，这些个人的方法今后仍然会不断改进，但在这里要告诉大家，一定要找到一个可以让自己完全放松的方法，让你的心彻底休息。这二十多年来，虽然各个时期的方法不同，但我一直持续实践着。

全力跑了一阵子后，就慢慢走一段路；精神集中一段时间后，就好好放松。只要用一半的力气就好。耗费所有力气进行某件事并不难，实际上更困难的是休息。请大家千万要找出专属于自己的休息方法。

这一点非常重要。一定要记住，找出可以让自己真正放松的做法。

行动 11　事情没想象中那么难，现在就开始行动

现在就开始行动，你的心会随后跟上的。追求心，不如追求行动。这句话就是这一章所要传达的信息。

包括前面两章，已经说明了行动的各种方法。明天开始就太迟了，现在就立刻行动吧。

你将迎来美好的未来。